민주주의와
자유

민주주의와 자유

조지 오웰
이한중 편역

민주주의가 위협받는 시대,
자유의 적과 싸우며 쓴
조지 오웰의 에세이

열린책들

차례

언론과 출판의 자유 ··· 8

공원에서의 자유 ··· 27

유색인종은 제외하고 ··· 35

파시즘과 민주주의 ··· 45

파시즘이란 무엇인가? ··· 61

전체주의적 미래에 대한 전망 ··· 68

서평: 아돌프 히틀러의 『나의 투쟁』(무삭제 번역본) ··· 77

파시즘을 예언하다 ··· 83

자유와 행복 ··· 90

리뷰: 해들리 캔트릴의 「화성 침공」 ··· 98

언어의 타락 ··· 103

문학과 전체주의 ··· 113

역자 후기: 먹구름 아래에서 근본을 살피다 ··· 120

조지 오웰 연보 ··· 124

일러두기

- '저자 주'라고 따로 표기돼 있지 않은 모든 각주는 이해를 돕기 위한 옮긴이 주이다.
- 본문 중 [ ] 안에 들어 있는 내용은 자연스러운 이해를 위해 옮긴이가 첨가한 것이다.

"1936년 이후 내가 진지하게 쓴 작품들은 그 한 줄 한 줄이 모두 직접적으로나 간접적으로 전체주의에 '반대'하고 내가 아는 민주적 사회주의를 '지지'하기 위해 쓰였다. 우리 시대처럼 소란한 세월을 살면서 이런 문제들을 회피할 수 있다고 생각한다면 그건 넌센스이다."

언론과 출판의 자유[*]

The Freedom of the Press

이 책을 처음 구상한 것은 기본 아이디어만 놓고 보자면 1937년이지만 쓰기 시작한 건 1943년 말이었다. 집필할 무렵엔 책을 내기가 아주 어려울 게 분명해 보였고(지금은 책이 모자라서 책이라고 부를 만한 건 뭐든 다 팔리겠지만 말이다) 실제로 출판사 네 곳으로부터 거절을 당했다. 이들 중 한 곳에만 이념적인 이유가 있었다. 두 곳은 여러 해 동안 러시아를 비판하는 책들을 내고 있었고, 나머지 한 곳은 이렇다 할 정치색을 띠지 않는 곳이었다. 어떤 출판사는 책을 내 주겠다며 적극적으로 나섰으나 준비를 좀 하더니 정보부에 문의를 하기로 결정했다. 정보부에서는 출판인에게 경고를 했거나, 그게 아니어도 아무

[*] 오웰이 1945년에 『동물농장』의 서문으로 실리길 바라고 쓴 글이나 실리지 않았다가 그의 사후 20여 년 뒤인 1972년에야 유고로 발견되었다. 마지막 문단에 나오는 다음의 문장이 자주 인용되는 것으로 유명하다. "자유라는 말이 의미하는 게 있다면 그것은 남들이 싫어하는 말을 그들에게 할 권리라는 뜻일 것이다."

튼 책을 내지 않는 쪽으로 강하게 유도한 것 같다. 다음은 그가 보낸 편지의 일부다.

『동물농장』에 관해서 정보부 주요 관리가 제게 보인 반응에 대해 이미 언급한 바 있습니다. 그런 의견 표명 때문에 제가 심각한 고려를 해야 했다고 솔직히 말씀드려야겠습니다. (…) 지금 시점에 책을 낸다는 건 상당히 무분별한 일로 간주될 수 있다는 걸 이제는 알겠습니다. 이 우화가 일반적인 독재자나 독재정치를 대상으로 했다면 출간에 문제가 없었겠습니다만, 지금 보니 소비에트 러시아와 그들의 두 독재자를 완벽히 모사하고 있어서 오직 러시아에만 적용될 수 있으며 다른 독재국가엔 해당하지 않는 이야기란 걸 알겠습니다. 또 하나 말씀드리자면, 이 우화의 지배계급이 돼지가 아니었다면 덜 모욕적이지 않았을까 하는 점입니다.* 저는 돼지를 지배계급으로 택한 것에 대해 분명히 많은 사람들이 불쾌해할 거 같습니다. 특히 좀 예민한 사람들이 더 그럴 것이며, 러시아인들은 분명히 그럴 거라고 생각합니다.

---

* [저자 주] 내용을 수정하자는 제안이 그의 생각인지 아니면 정보부의 아이디어인지 분명치 않지만 당국이 개입했다는 느낌이 들긴 한다.

이런 건 좋은 증상이 아니다. 정부의 한 부처가 검열의 권한을 갖는다는 건 (전시라면 아무도 반대하지 않을 안보상의 검열이면 몰라도) 바람직하지 않다. 그런데 지금 이 순간 사상과 발언의 자유에 주된 위험이 되는 것은 정보부나 여타 공공기관의 직접적인 간섭이 아니다. 출판사나 편집인들이 특정 주제를 애써 출판하지 않으려 하는 건 처벌을 두려워해서가 아니라 여론을 두려워하기 때문이다. 이 나라에서 지식인들의 비겁성은 작가나 언론인이 마주해야 할 최악의 적이며, 이 점은 내가 보기에 마땅히 논의된 바가 없다.

언론에서 일한 경험이 있고 공정하게 평가하는 사람이라면 누구나 이번 전쟁 동안 '공식' 검열이 딱히 성가신 게 아니었다고 인정할 것이다. 우리는 온당히 예상했을 법한 유형의 전체주의적 '조정'을 당하지 않았다. 언론이 정당한 불만을 품은 경우도 좀 있었으나, 정부가 대체로 잘 처신했고 소수 의견에 대해서도 상당히 관대한 모습을 보였다. 영국에서 이뤄지는 문예물에 대한 검열이 불길한 부분은 그것이 대체로 자발적이라는 사실이다.

관공서의 금지령이 없더라도 인기 없는 애깃거리가 조용히 묻힐 수 있고 불편한 사실이 빛을 못 볼 수 있다. 외국에서 오래 살아 본 사람이라면, 상당히 흥미로운 뉴스거리가—그 자체로 가치가 있어서 헤드라인을 큼직하게 차지할 수 있는 얘기가—정작 영국의 언론에서는 다루어지지 않는 경우가 있다는 걸 알 것이다. 정부의 간섭 때문이 아니라 그 뉴스를 다루면 '적절치 않을 것'이라고 보는 암묵적 협약 때문에 그런 일이 벌어진다. 일간신문을 떠올려 보면 이해하기 쉽다. 영국의 언론은 극도로 중앙에 집중돼 있으며, 대부분이 중요한 특정 주제에 대해 정직하지 않을 동기가 많이 있는 부자들의 소유이다. 하지만 비슷한 식의 숨은 검열은 책이나 잡지에서도, 연극이나 영화나 라디오에서도 작동하고 있다. 어느 시기에나 정설定說이라고 여겨지는 일련의 관념들이 있기 마련이다. 정상적으로 생각하는 사람이라면 누구나 의문 없이 받아들인다고 여겨지는 생각 말이다. 무엇무엇을 말하는 게 딱히 금지된 건 아니지만, 그렇게 말하는 게 '적절치 않다'고 느껴지는 대상이 있다. 빅토리아 시대 중기에 귀부인 앞에서 바지trousers를 언급하는 게 '적절치 않다'고 여겼던 것처럼 말이다.* 지배적인 정설에 도전하는 자는 누구든 자신이 놀랄 만큼 효과적으로 침묵을 강요당한다는 사실을 발견하게 된다. 시류를 너무 벗어난 견해가 공정한 발언의 기회를 얻는 건 불가능에 가까우며, 이는 대

---

*   보다 실용적이고 간편한 여성 의복을 지향하는 복장 개혁 운동이 일어났던 시기이다.

중 언론에서든 식자층 대상의 정기간행물에서든 마찬가지다.

지금 지배적 정설이 요구하는 바는 소비에트 러시아에 대한 무비판적 찬양이다.* 누구나 이 사실을 알고 있고, 거의 모두가 이에 따라 행동하고 있다. 소비에트 체제에 대한 심각한 비평이나 소비에트 정부가 감추고 싶은 사실에 관한 폭로 같은 것은 그 무엇도 출간이 거의 불가능하다. 그리고 우리 동맹에 대한 이 전국적인 공모는 기묘하게도 지식인들의 철저한 관용을 배경으로 하여 벌어지고 있다. 소비에트 정부를 비판하는 건 용납되지 않지만 우리 정부를 비판하는 건 꽤 자유로우니 말이다. 스탈린을 공격하는 출판물이 나오긴 극히 어렵지만, 처칠을 공격하는 건 책으로 하든 잡지로 하든 상당히 안전한 일이다. 전쟁 기간 5년 동안(그중 2~3년은 우리가 나라의 존망을 걸고 싸웠다) 평화를 위해 히틀러와 타협하는 것을 옹호하는 무수한 책과 팸플릿과 논설문이 아무런 간섭 없이, 더구나 별 반감도 사지도 않으면서 간행되었다. 소련의 위신과 관련이 없는 한 발언의 자유라는 원칙은 상당히 잘 지켜졌다. 뒤에서 언급할 다른 금지 주제도 있지만, 소련에 대한 전반적인 태

---

* 영국과 소련이 독일에 맞선 동맹을 맺은 이후에 영국에서는 소련에 우호적인 분위기가 조성되었다. 또한 그 이전에도 유럽 좌파 지식인들은 소련 정권을 추종하는 태도를 보였다.

도가 가장 심각하다. 이는 자발적으로 나타나는 태도이며, 압력을 받아 나오는 행동이 아니기 때문이다.

영국의 지식인층 대다수가 1941년부터 줄곧 러시아의 선전을 맹신하고 복창하며 보여 준 노예근성이 더 놀라운 것은, 그 이전의 여러 경우에는 비슷한 행동을 보인 적이 없기 때문이다. 논란이 되는 문제가 잇따를 때마다 러시아의 관점을 성찰 없이 받아들이더니 역사적 진실이나 지성적 양식 따윈 아랑곳없이 그대로 발표해 버렸다. 하나만 예로 들자면, BBC는 붉은 군대의 25주년을 기념하며 트로츠키를 언급하지 않았다.* 이는 트라팔가 해전을 기념하면서 넬슨 제독을 언급하지 않는 것과 매한가지인 셈이지만 영국 지식인층은 아무런 항의를 하지 않았다. 여러 피점령국의 내부 투쟁에 관하여, 영국의 언론은 거의 모든 경우에 러시아가 지지하는 쪽을 편들었고 반대쪽을 비방했는데, 그러기 위해 구체적 증거를 숨기곤 했다. 유난히 눈에 띄는 사례는 유고슬라비아 독립군 체트니크의 지도자인 미하일로비치 대령의 경우다. 유고슬라비아에서 티토 장

---

* 러시아 혁명의 주역 중 한 명인 트로츠키는 소련군의 모태가 된 붉은 군대(또는 적군)의 창시자이자 사령관으로, 혁명에 반대하는 세력과의 내전을 승리로 이끌었다. 하지만 이후 권력 투쟁에서 스탈린에게 밀려나 추방되고 배신자로 매도당한다.

군을 지원하던 러시아는 미하일로비치에게 독일과 협력했다는 혐의를 덮어씌웠다. 이 모함을 영국의 언론이 즉각 받아썼고, 미하일로비치의 지지자들에겐 해명의 기회를 주지 않았으며, 혐의와 반대되는 사실들은 지면에서 아예 빼 버렸다. 1943년 7월에 독일은 티토를 잡기 위해 10만 크라운 금화金貨라는 현상금을 내걸었고, 미하일로비치에 대해서도 비슷한 현상금을 걸었다. 영국 언론은 티토의 현상금에 대해 '대서특필'했는데 미하일로비치의 현상금을 언급한 신문은 하나뿐이었고(그것도 작은 글자로) 그러면서도 독일에 협조했다는 비난은 계속했다. 이와 아주 비슷한 일이 스페인 내전 동안에도 벌어졌다. 그때도 공화군 편에 선 의용대 중에서 러시아가 분쇄하기로 작정한 그룹들에 대해, 영국의 좌파 언론이 무자비한 비방을 퍼부었고, 그들의 반론에 관해서는 편지 형식일지라도 싣기를 거부했다. 지금은 소련에 대한 진지한 비판이 비난의 대상이 될 뿐만 아니라 그런 비판이 있다는 것 자체를 비밀에 부치는 경우도 있다. 일례로 트로츠키가 죽기 직전에 스탈린 전기를 쓴 일이 있었다. 치우침이 전혀 없다고 보긴 어렵겠지만 분명히 팔릴 수 있는 책이었다. 미국의 한 출판사가 책을 내기로 하고 인쇄까지 했는데—내가 알기론 서평용 증정본까지 나간 상태였다—소련이 [연합군 측으로] 참전하게 되었다. 이 책은 즉시 출간이 취소되었고, 이에 대해 영국 언론은 한마디도 언급하지 않았다. 이런 책이 있었고 발행에 대한 탄압이 있었다는 사실이 분명히 지면 몇 문단을 차지할 만한 기삿감이었음에도 말이다.

언론과 출판계의 영국 지식인들이 스스로에게 자발적으로 적용하는 검열과 이따금 압력단체가 강요할 수도 있는 검열을 구분하는 게 중요하다. 어떤 주제들은 '기득권' 때문에 다룰 수 없는 것으로 악명이 높다. 가장 잘 알려진 경우가 의약품 특허와 관련한 협잡이다. 또 하나, 가톨릭 교회는 언론에 대한 영향력이 상당해서 자신에 대한 비판을 어느 정도 누를 수 있다. 가톨릭 사제의 스캔들이 지면을 타는 경우는 거의 없지만, 곤경에 처한 성공회 사제는 헤드라인을 장식한다(예: 스티프키 교구 신부*). 반가톨릭 성향을 띠는 무언가가 연극이나 영화로 나오는 경우는 매우 드물다. 가톨릭 교회를 공격하거나 조롱하는 연극이나 영화는 언론에서 보이콧 당하거나 거의 실패작이 될 거라는 말을 어떤 배우에게서도 들을 수 있다. 하지만 이런 일들은 해롭지 않거나 적어도 이해할 만하다. 어떤 큰 조직이든 자신의 이익을 최대한 지키려 하기 마련이며, 공공연한 선전 행위를 두고 뭐라 할 것도 아니다. [영국 공산당 기관지]《데일리

---

* 성공회 스티프키 교구의 신부였지만, 매춘부들과 비행을 저지른 일로 파문당한 해롤드 데이비슨을 말한다.

워커》가 소련에 불리한 사실을 싣지 않으리라는 것은, 《가톨릭 헤럴드》가 교황을 비난하지 않으리라는 것과 마찬가지다. 그럼에도 생각할 줄 아는 사람이라면 누구나 《데일리 워커》와 《가톨릭 헤럴드》가 무엇을 위해 존재하는지 알 것이다. 여기서 우려스러운 부분은 소련과 소련의 정책과 관련된 문제에서는 진보진영의 작가나 언론인들에게서 지적인 비판은 물론이고 기본적인 정직성조차 기대할 수 없다는 점이다. 그들이 본인의 견해를 왜곡하라는 압력을 직접 받고 있는 것도 아닌데 말이다. 스탈린은 신성불가침의 대상이어서 그의 정책 중 특정 내용들은 심각한 심의의 대상이 되지 않는다. 이 규칙은 1941년부터 거의 보편적으로 지켜져 왔는데, 사실은 그보다 10년 이전부터도 보통 생각하는 것보다 더 넓은 범위에서 통용되었다. 그 시기 내내, 소비에트 체제에 대한 좌파진영의 비판은 발언의 기회를 얻기 힘들었다. 반러시아 문헌들이 엄청나게 쏟아져 나오긴 했으나 거의 다 보수의 관점이었고 정직성이 너무 떨어지거나 시대착오적이었으며, 지저분한 동기에서 비롯된 것들이었다. 다른 한편에서는 거의 똑같은 정도로 부정직한 친러시아 선전물이 마찬가지로 엄청나게 쏟아져 나왔으며, 성숙한 태도로 아주 중요한 질문을 다뤄 보려는 이는 누구나 보이콧의 대상이 되었다. 반러시아 서적을 출간할 수는 있어도,

실제로 하면 식자층이 보는 언론이 거의 다 무시하거나 왜곡할 게 확실했다. 공적으로도 사적으로도 '적절하지 않다'며 경고를 받았다. 책에 실린 게 사실일지 몰라도 '시기가 적절하지 않으며' 이런저런 반동 세력의 이익에 부합하게 놀아나는 일이 될 수 있다는 게 이유였다. 이러한 태도를 옹호하는 이들은 대개 국제적인 상황과 영국과 소련의 동맹이 시급히 필요하다는 것을 근거로 내세웠지만, 이는 분명히 합리화에 불과하다. 영국의 지식인층, 또는 그 대다수는 소련에 대하여 애국주의적인 충성심을 키워 왔으며, 스탈린의 지혜에 의문을 제기한다는 건 불경스러운 일이라고 생각했다. 러시아에서 일어난 사건과 다른 나라들에서 일어난 사건을 판단할 때는 그 기준이 달랐다. 1936~1938년 대숙청 때의 끝없는 처형 소식은 평생 사형을 반대하던 사람들의 갈채를 받았고, 인도에서 발생한 대기근은 보도하고 우크라이나에서 발생한 대기근은 덮는 걸 똑같이 적절하다고 여겼다. 전쟁 전에도 실제로 이러했는데, 지금의 지적 풍토라고 해서 나을 바가 전혀 없다.

이제 내 책 얘기로 돌아가기로 하자. 책에 대한 영국 지식인들 대부분의 반응은 다음과 같이 아주 단순할 것이다. "출간되지 말았어야 한다." 물론 폄하의 기술에 능숙한 서평자라면 정치적인 측면에서가 아니라 문학적인 측면에서 이 작품을 공격할 것이다. 따분하고 모자라는 책이라고, 부끄러워할 종이 낭비라고 할지도 모른다. 맞는 말일 수도 있지만 그게 다가 아닌 게 분명하다. 단순히 나쁜 책이라는 이유로 어떤 책을 "출간되지 말았어야 한다"고 하지는 않는다. 어차피 쓰레기나 다름없는 출판물이 매일 몇 에이커 면적만큼 인쇄되지만 아무도 신경 안 쓰지 않는가. 영국의 지식인들(혹은 그들 중 대부분)은 이 책이 그들의 지도자를 비방하기 때문에, 그리고 (그들이 보기에는) 진보의 대의에 유해하기 때문에 이 책에 반대할 것이다. 책이 정반대의 입장을 취했더라면, 문학적 결함이 열 배나 확연해도 그들은 아무 말도 하지 않을 것이다. 예를 들어 지난 4~5년간 레프트 북클럽*의 성공을 보건대, 그들이 듣기 좋은 소리기만 하면 저속하고 경솔한 저작일지라도 얼마나 기꺼이 관대해지는지를 알 수 있다.

문제는 다음과 같이 간단하다. 어떠한 의견이라도—아무리 인기 없고 어리석기까지 해도—발언할 자격이 있는가? 이런 식으로 물어보면 영국의 어느 지식인이라도 "예"라고 답해야 한다고 느낄 것이다. 하지만 "스탈린에 대한 공격은요? 그

---

* 1936년에 만들어진 진보단체이자 독서클럽. 매달 책 한 권을 선정하여 회원들에게 싼 값으로 배포했다. 오웰이 노동자들의 현실을 고발한 르포 『위건 부두로 가는 길』(1937)을 쓴 것도 이 북클럽의 의뢰로 이루어진 일이었다.

래도 발언할 자격이 있을까요?"라고 구체적으로 물어보면 "아니오"라고 답하는 경우가 더 많으리라. 이 경우에 현재의 정설이 도전받으면서 발언의 자유 원칙이 약해지는 것이다. 우리가 발언과 언론의 자유를 요구한다 해도 절대적 자유를 요구하는 게 아니다. 조직화된 사회가 계속되는 한 어느 정도의 검열은 언제나 있을 수밖에 없고 또 있을 것이다. 하지만 자유는 로자 룩셈부르크가 말했듯 "타인을 위한 자유"이다. 같은 원칙은 볼테르가 한 유명한 말에도 담겨 있다. "나는 당신이 하는 말이 너무 싫지만, 그래도 당신이 말할 권리를 목숨을 걸고 지키겠다." 의심할 바 없이 서구 문명의 뚜렷한 특징 중 하나인 지적 자유가 의미하는 바가 있다면, 아주 명백히 공동체 전체에 해를 끼치는 게 아니라면 누구나 자기가 옳다고 생각하는 바를 발언하고 출판할 권리를 갖는다는 것이다. 자본주의적 민주주의도 서구의 사회주의도 같은 원칙을 최근까지 당연하게 여겨 왔다. 우리 정부는 앞서 언급한 바와 같이 여전히 이 원칙을 존중하는 시늉을 하고 있다. 길거리의 보통 사람들은 ―자신들을 존중하지 않을 사상[지배적 정설]에 별 관심이 없어서 그런지는 몰라도― 여전히 "누구에게나 자기 의견을 표현할 권리가 있다고 본다"는 입장을 막연히 가지고 있다. 이 자유를 이론으로도 실제로도 하찮게 취급하는 사람은 이 자유를 수호해야 마땅한 문필계나 과학계의 지식인들밖에 없다. 대체로 그들이 중심이 되어 그렇게 한다.

우리 시대의 특이한 현상 중 하나는 변절한 진보주의자들이다. '부르주아적 자유'는 허상이라는 친숙한 마르크스주의 주장에 더하여, 이제는 전체주의적 수단을 동원해야만 민주주의를 지킬 수 있다고 주장하는 경향이 만연해 있다. 이 주장에 따르면, 민주주의를 사랑한다면 어떤 수단을 써서라도 그 적을 진압해야 한다. 그렇다면 적은 누구인가? 민주주의를 공공연하게 의식적으로 공격하는 사람들뿐만이 아니라 잘못된 원리를 퍼뜨려 민주주의를 '객관적으로' 위태롭게 하는 사람들을 항상 포함하는 것 같다. 달리 말해 민주주의를 지키는 일에는 모든 사상의 독립성을 파괴하는 일도 포함된다는 것이다. 이런 주장이, 예를 들어 러시아의 숙청을 정당화하는 데 사용된 바 있다. 가장 열렬한 친러파 인사라도 모든 희생자들이 제기된 혐의에 대해 전부 유죄라고는 믿지 않았다. 그러나 그들이 가진 이단적인 견해 때문에 '객관적으로' 체제를 해롭게 했으므로 그들을 학살할 뿐만 아니라 거짓 혐의를 씌워 불명예스럽게 만드는 게 옳다고 본 것이다. 스페인 내전 때 [소련 공산당이 공격한] 트로츠키주의자들과 그 밖의 공화군 소수파들에 대하여 좌파 언론이 고의로 퍼뜨린 거짓말을 정당화하기 위해서도 이런 주장을 내세웠다. 이 주장은 1943년에 모즐리가 풀려날 때 '인신보호청원'에 반대하는 아우성의 근거로 사용되기도 했다.[*]

이들은 전체주의적 수단을 권장할 경우 그 수단이 자신을 위해서가 아니라 자신을 해하기 위해 사용될 수 있는 때가 올 수도 있다는 걸 모른다. 파시스트를 재판 없이 투옥하는 게 버릇이 되면 그 방법이 파시스트에게만 그치지는 않을 것이다. 《데일리 워커》가 탄압받다가 복권된 직후, 나는 사우스 런던의 한 직업 전문학교에서 강연을 한 적 있다. 청중은 노동자 계층 및 하급 중산층인 지식인들, 그러니까 레프트 북클럽 지부에서 만나게 되는 그런 부류였다. 강연에서 언론의 자유 문제를 다루었는데 말미에 놀랍게도 여러 사람이 일어나 이런 질문을 하는 것이다. "《데일리 워커》에 대한 금지령을 해제하는 게 큰 실수라고 생각지 않으시나요?" 이유를 물었더니 그들은 충성심이 의심스러운 신문이니 전시에 용납되어선 안 된다고 대답했다. 나는 본의 아니게 《데일리 워커》를 옹호하는 입장에 서게 되었다. 나를 열심히 비방한 게 한두 번이 아닌 신문을 말이

---

[*] 오스월드 모즐리 경(Sir Oswald Mosley, 1896-1980)은 좌우를 오가며 국회의원을 지낸 정치인으로, 히틀러에 열광하여 '영국 파시스트 연합'을 조직하여 이끌다가 1940년에 당이 해산당하며 몰락한다. 모즐리는 1943년에 재판 없이 구금되었으며 신체의 자유를 보장하는 인신보호청원에 따라 석방되었다.

다. 그런데 이런 질문을 한 사람들은 대체 어디서 이런 전체주의적 관점을 습득했단 말인가? 바로 공산주의자들에게서 배운 게 분명할 것이다! 관용과 양식은 영국에 깊이 뿌리 내린 미덕이지만 그대로 영구적인 건 아니라서 의식적인 노력을 기울여 살아 있게 해야 한다. 전체주의의 원리가 사방에 퍼져 나가면서 자유로운 사람들이 위험한 것과 그렇지 않은 것을 구분하게 해 주는 감각이 둔해져 버렸다. 모즐리의 사례가 이를 단적으로 보여준다. 모즐리가 엄밀한 의미에서 법을 어긴 게 맞든 아니든, 1940년에 그를 가둔 것은 확실히 옳은 일이었다. 우리는 목숨을 걸고 싸우고 있었고, 적을 도울 가능성이 있는 이를 자유롭게 놔둘 수는 없었다. 하지만 1943년에 그를 재판 없이 구금한 것은 매우 무도한 일이었고, 여론이 이를 놓친 건 나쁜 징후였다. 비록 모즐리 석방에 반대해 일어난 시위가 인위적으로 부추겨진 면도 있고 다른 불만을 빌미로 표출된 면도 있지만 말이다. 그렇다면 파시스트적 사고방식으로 미끄러져 추락하는 작금의 추세에 지난 10년 동안 '반파시즘'과 그로 인해 초래된 몰상식이 과연 얼마나 영향을 끼쳤을까?

현재의 열렬 친러파는 서구의 자유주의 전통이 대체로 취약해졌음을 보여 주는 징후에 불과함을 인식하는 게 중요하다. 만일 정보부가 끼어들어서 이 책의 출간을 막았더라도, 영국 지식인층 다수는 그래도 아무 문제가 없다고 보았을 것이다. 어쩌다 소련에 대한 무비판적 충성이 현재의 정설이 되어 버렸고, 소련의 이익이 관련된 문제라면 검열뿐만 아니라 의도적 역사 왜곡에도 관대할 그들이기 때문이다. 예를 하나 들어 보자. 러시아 혁명 발발 시점을 직접 체험하고 쓴 『세계를 뒤흔든 열흘』의 저자 존 리드가 사망하면서 책의 저작권이 영국 공산당에 넘어갔다(내가 알기로 그가 유증했을 것이다). 여러 해 뒤 영국 공산당은 원작을 거의 완전히 해체하여 제멋대로 고쳐 쓴 판본을 내놓았는데, 트로츠키가 한 말들을 삭제하고 레닌이 쓴 서문을 빼 버린 내용이었다. 영국에 근본 있는 지식인들이 남아 있었더라면 이런 위작 행위는 이 나라의 모든 언론 지면에 공개되어 비판받았을 테지만, 현실은 아무런 저항이 없거나 아주 약간만 있는 정도였다. 영국의 다수 지식인들에게 이렇게 하는 건 자연스러운 일이었다. 이런 거짓에 대한 용인과 노골적인 부정직함은 현 시점에 러시아 숭배가 유행한다는 사실보다 훨씬 더 중요한 의미를 가진다. 현재의 특정한 유행 경향은 얼마 가지 못할 수도 있다. 아마도 이 책이 발간될 무렵이면 소비에트 체제에 대한 나의 관점이 일반적으로 받아들여지게 될지도 모른다. 그러나 그 변화 자체에 무슨 큰 의미가 있겠는가? 한 정설이 다른 정설과 자리바꿈한다고 해서 상황이 나아지리란 법은 없다. 진짜 적은—재생 중인 녹음의 내용에 동의하느냐의 여부를 떠나—정해진 대로 따라 하는 축음기 같은 사고방식이다.

나는 사상과 발언의 자유에 반대하는 모든 주장이 어떤 것인지를 잘 알고 있다. 그런 자유는 존재할 수 없다고 하는 주장도 있고, 있어선 안 된다고 하는 주장도 있다. 간단히 말하겠다. 그런 주장들에 조금도 동의할 수 없으며, 지난 400년간 우리 문명은 정반대의 인식을 기초로 하고 있다고. 지난 10년간 나는 현존하는 러시아 체제가 대체로 사악한 체제라고 생각해 왔으며, 내게는 그렇게 말할 권리가 있다고 주장한다. 나 역시 이기기를 바라는 전쟁에서 우리가 소련과 동맹이라 할지라도. 내 입장을 정당화할 글귀를 골라야 한다면 밀튼의 시구를 택하리라.

우리가 아는 유구한 자유의 원칙에 따라.

'유구한'이란 단어는 지적인 자유란 뿌리 깊은 전통이어서 그것 없이는 고유한 서구 문화의 존립이 어려울 정도라는 점을 강조한다. 우리 지식인들 중 상당수가 이 전통으로부터 보란 듯이 고개를 돌리고 있다. 그들은 책이 지닌 장점이 아니라 정치적 편의에 따라 어떤 책을 출간할지 금지할지, 호평할지 저

주할지 결정해도 된다는 원칙을 받아들인 것이다. 그리고 실제로 이런 견해를 지지하지는 않는 지식인들은 순전히 비겁해서 동조하고 있다. 예를 들어 영국의 그 많고 입바른 평화주의자들이 러시아 군국주의를 숭배하는 시류에 대해서는 소리를 내지 못하는 게 그런 경우이다. 이들 평화주의자는 모든 폭력은 악한 것이라며 전쟁의 매 국면마다 항복하라거나 아니면 적어도 일부를 양보해서 평화 협상을 맺으라고 촉구했다. 그러면 그들 중 붉은 군대가 하는 전쟁도 악하다는 주장을 한 이는 과연 몇이나 되는가? 그들 말대로 하면 러시아에는 자기 자신을 방어할 권리가 있고, 우리가 그러는 건 중죄인 것 같다. 이런 모순을 설명할 방법은 하나밖에 없다. 즉 애국심이 영국보다도 오히려 러시아로 쏠린 지식인층 대다수와 잘 지내고 싶은 비루한 욕심 때문인 것이다. 나는 영국의 지식인들이 소심하고 부정직해지는 이유를 충분히 잘 알고 있으며, 그들이 자신을 변호하는 논리도 외울 지경이다. 그러나 파시즘에 맞서 자유를 지킨다는 헛소리는 이제 하지 말자. 자유라는 말이 의미하는 바가 있다면, 그것은 남들이 싫어하는 말을 그들에게 할 권리라는 뜻일 것이다. 보통 사람들은 막연하긴 해도 여전히 이 원칙을 따르고 그에 따라 행동하고 있다. 우리나라에서 자유를 두려워하는 이는 진보주의자들이고, 지성을 모독하는 이는 지식인들이다(다른 나라들은 그렇지 않으니, 나치에 패배하기 전 프랑스도 그렇지 않았고 지금의 미국도 그렇지 않다). 이 서문을 쓰는 것은 이런 사실에 주목하길 바라는 뜻에서다.

공원에서의 자유*

Freedom of the Park

몇 주 전에 하이드 파크 외곽에서 신문을 팔던 다섯 사람이 교통방해죄로 경찰에 체포됐다. 판사 앞에 선 그들은 모두 유죄였던바, 네 명은 6개월 동안의 준법서약 처분을 받았고 나머지 한 명은 벌금 40실링 또는 징역 1개월의 형을 택해야 했다. 그는 형기를 채우는 쪽을 택했으니 지금 이 순간 아직 감옥에 있을 것이다.

이들이 팔던 신문은 《피스 뉴스》, 《포워드》, 《프리덤》이었으며, 비슷한 다른 읽을거리도 있었다. 《피스 뉴스》는 '평화서약연합'의 기관지이며, 《프리덤》(최근까지 《전쟁논평》이었다)은 무정부주의자들의 기관지이며, 《포워드》는 정치 성향을 규정하기 난망하지만 아무튼 극좌파이긴 하다. 판사는 지나가는 말로 피고들이 팔던 출판물의 성향에 따라 판결한 것은 아니라고 했

---

*   1945년 12월 《트리뷴》에 게재.

다. 교통방해라는 사실만을, 그리고 그들의 행위가 원칙적으로 위법에 해당한다는 점만을 고려했다는 것이다.

이 사건은 몇 가지 중요한 의문을 제기한다. 먼저, 이 주제에 대해 법의 입장은 어느 쪽인가? 나는 이번에 길거리에서 신문을 파는 행위가 원칙적으로 교통방해라는 사실을 처음 알게 되었다. 아무튼 경찰이 이동하라고 했는데 그러지 못했을 때는 말이다. 그렇다면 어떤 경찰이 《이브닝 뉴스》*를 파는 신문팔이 소년을 내키는 대로 체포하는 일이 법적으로 가능할 것이다. 하지만 그런 일은 일어나지 않는 게 분명하므로 법 집행이 경찰의 재량에 달려 있는 셈이다.

그렇다면 누굴 체포하고 누굴 안 할지를 경찰이 무슨 기준으로 결정할까? 아무리 판사가 고심했다 하더라도, 나는 이 경우에 경찰이 정치적 고려의 영향을 받지 않았다고 수긍하기가 어렵다. 그런 신문을 파는 사람들만 콕 집어냈다는 건 우연이라기엔 좀 지나친 느낌이다. 그들이 《트루스》, 《태블릿》, 《스펙테이터》를, 심지어 《처치 타임스》를 파는 사람을 체포했더라면 그들의 공평무사함을 더 쉽게 수긍할 수 있었을 것이다.**

---

* 영국에서 오랫동안 최대 부수를 발행하던 인기 일간신문.
** 모두 보수지였으며, 《처치 타임스》는 성공회 관련 주간지로서 지금도 발행되고 있다.

영국 경찰이 대륙의 프랑스 경찰이나 독일 비밀경찰과는 다르긴 하지만, 나는 그들이 과거에 좌파 활동에 대해서 비우호적이었다고 평한다고 해서 그들을 모독하는 건 아니라고 본다. 대체로 그들은 사유재산을 옹호한다고 간주되는 사람들의 편을 드는 경향을 보였다. 모즐리가 기세등등하던 때는 불명예스러운 사례들을 남기기도 했다. 나는 모즐리가 이끄는 대규모 집회에 한 번 가본 적이 있는데 여기서 경찰은 '질서유지' 차원에서 블랙셔츠 단원들과 협력했다. 상대가 사회주의자나 공산주의자였다면 결코 협력하지 않았을 일을 한 것이다. 바로 얼마 전까지만 해도 '적색'과 '불법'은 거의 동의어였으며, 경찰의 이동 명령을 받거나 괴롭힘을 당하는 쪽은 가령 《데일리 워커》 판매원이었지 《데일리 텔레그래프》 판매원은 아니었다. 경우에 따라서는, 가령 노동당 집권 때는 둘이 같은 대우를 받을지 몰라도 말이다.

내가 알고 싶은 것 하나는—우리가 잘 들어보지 못하는 것인데—정부가 바뀌면 행정부 공무원들이 어떻게 변하는가이다. '사회주의'가 법에 반하는 무엇이라는 관념을 막연히 가지고 있는 경찰관이 사회주의가 집권해도 그대로일 것인가? 공무원이 정당에 가입해서는 안 되고, 정부가 바뀌더라도 충실하게 섬겨야 하고, 정치적 견해 때문에 불이익을 당해선 안 된다는 것은 확고한 원칙이다. 그럼에도 어떠한 정부라도 적들을 요직에 앉힐 만한 여유란 없는 노릇이며, 노동당이 최초로 이론의 여지가 없는 집권당이 되었으니—그래서 보수당이 구성한 정부 조직을 차지했으니—태업을 막기 위해서는 충분한 조치가 취해져야 한다. 공무원들은 집권세력에 우호적인 태도를 보일지라도, 자신들의 자리는 영구불변이며 잠시만 섬기면 되는 장관을 골탕 먹일 수 있다는 걸 너무나 잘 안다.

노동당 정부가 들어선 뒤 런던 경찰 특수대는 어떻게 되었는가? 군사 정보기관은? 영사관들은? 식민지에 나가 있는 각종 행정기관은? 그 밖의 온갖 기관들은? 들은 바는 없지만, 낌새로 보건대 그다지 큰 변화가 일어난 것 같지는 않다. 해외에서 나라를 대표하는 대사들도 그대로이고, BBC의 검열도 언제나 그래왔듯 살짝 반동적인 색깔을 보이는 듯하다. 물론 BBC는 자신들이 독립적이면서 비정치적이라고 주장한다. 나는 BBC에 '노선'이라는 게 있다면 집권 정부의 좌파 성향을 대변하는 것이라는 말을 들은 적이 있다. 하지만 그건 처칠 정부 시절의 얘기다. BBC가 현 정부의 좌파 노선을 대변하고 있는 게 맞다면 내가 아직 알아보지 못한 것이다.*

그렇지만 이번 사건의 요점은 왜 하필 신문이나 팸플릿을

---

* 노동당은 전쟁 중에 처칠의 보수당과 연정을 하다가 종전 후인 1945년 7월 총선에서 압승하여 6년간 집권했다.

파는 사람들이 간섭을 당하느냐는 점이다. 어떤 소수자를 골랐느냐는—평화주의자든 공산주의자든 무정부주의자든, 여호와의 증인이든, 아니면 최근에 히틀러를 예수 그리스도라고 선포한 '기독교 개혁 연합'*이든—부차적인 문제이다. 이들이 특정 장소에서 굳이 검거되었다는 사실은 어떤 중요한 징후를 나타낸다고 하겠다. 하이드 파크 안에서는 읽을거리를 파는 것이 허용되지 않기 때문에 신문팔이들이 공원 출입문 앞에 진을 치고 지근거리에서 벌어지는 옥외집회와 관련 있는 인쇄물을 배포하는 건 다년간 일반적인 일이었다. 어떤 종류의 출판물이든 어떤 간섭도 없이 팔 수 있었다.

공원 안의 집회에 대해 말하자면, 세계적으로 보기 힘든 작은 경이驚異라고 하겠다. 거기서 나는 다양한 사람들이 질서 있게 연단에서 저마다 차례를 마치고 청중으로부터 제법 따뜻한 호응을 받는 모습을 여러 차례 본 적이 있다. 인도 민족주의자, 금주운동가, 공산주의자, 트로츠키주의자, 그레이트브리튼 사회당**, 가톨릭 증거 연합회, 자유사상가, 채식주의자, 모르몬

---

*   Legion of Christian Reformers. 부유한 사업가 집안 출신의 파시스트 제임스 배터스비(James Larratt Battersby, 1907-1955)가 이끈 종교단체.

** SPGB(Socialist Party of Great Britain). 비슷한 이름의 여러 사회주의 정당들과 차별되는 노선을 추구하며 아직까지 활동하고 있다.

공원에서의 자유

교도, 구세군, 처치 아미[*], 그리고 온갖 종류의 그냥 미친 사람들이 자유롭게 말했다. 하이드 파크는 불법적인 견해의 통행을 예외적으로 허용해 주는 성역과도 같은 공간인데, 비슷한 광경을 볼 수 있는 나라가 아주 드물다는 점에서 특별하다. 나는 히틀러가 집권하기 오래전에 대륙의 유럽인들이 하이드 파크에 들렀다가 인도나 아일랜드의 민족주의자들이 영제국[**]에 대해 하는 발언을 듣고 놀라기만 할 뿐 아니라 심란해져서 나오는 경우가 있었다는 걸 알고 있다.[***]

이 나라에 존재하는 언론의 자유는 과대평가되는 경우가 많다. 원칙적으로는 상당한 자유가 있으나, 대부분의 언론이 몇 사람의 소유라는 사실은 국가 검열과 아주 비슷한 방식으로 작동한다. 다른 한편으로 발언의 자유는 실제로 보장된다. 기차 플랫폼에서, 하이드 파크 같은 알려진 옥외 공간에서, 우리는 거의 모든 걸 말할 수 있다. 아마도 더 의미심장한 것은 누구라도 펍이나 버스 등등의 장소에서 두려움 없이 자기 생각을 발설할 수 있다는 점이다.

[*] Church Army. 성공회의 전도 봉사단체로 구세군과 비슷하다.
[**] British Empire는 통상 대영제국으로 옮기지만, 제국주의를 혐오한 오웰의 뜻을 살려 영제국으로 옮겼다.
[***] 스피커스 코너Speaker's Corner로 알려진 이 공간은 지금도 이 공원의 명소이다.

요는 우리가 누리는 상대적인 자유가 여론에 달려 있다는 사실이다. 법은 우리를 보호해 주지 않는다. 정부가 법을 만들지만 그 법이 지켜지느냐, 경찰이 어떻게 행동하느냐는 나라의 전반적인 분위기에 달려 있다. 많은 사람들이 발언의 자유에 관심이 있으면 법이 금지할지라도 발언의 자유가 있을 것이다. 여론이 미온적이면 자유를 보호해 줄 법이 존재한다고 할지라도 어려움을 겪는 소수자들이 처벌당할 것이다. 지적인 자유에 대한 열망은 내가 전쟁이 시작되던 6년 전에 예측한 정도만큼은 줄어들지 않았지만 아무튼 줄어든 게 사실이다. 특정 견해에 대해서는 발언의 기회를 무사히 제공해 줄 수 없다는 입장이 늘어나고 있다. 이런 입장은 민주적인 반대 표시와 대놓고 하는 반란을 구분하지 못하는 지식인들에 의해 더 강화되고 있으며, 해외에서 벌어지는 압제와 불의에 점점 무관심한 우리의 태도에 반영되어 있다. 심지어 사상의 자유를 옹호한다고 자처하는 사람들마저도, 박해당하는 사람이 자신의 적수일 경우엔 자신의 기존 입장을 철회해 버리는 게 보통이다.

여기서 나는 무해한 신문을 팔던 다섯 사람을 체포한 게 엄청난 비극이라고 주장하는 게 아니다. 지금 세계 곳곳에서 벌어지는 일들을 보노라면 그렇게 사소한 사건이야 비명을 지를 일 같지도 않다. 그렇긴 해도, 전쟁이 잘 끝난 마당에 그런 일들이 벌어진다는 건 좋은 증상이 아니다. 아울러 이 일이, 그리고 그보다 앞서 흔히 벌어졌던 일련의 비슷한 사건들이 대중의 진심 어린 함성을 불러일으킬 수 있다면 얼마나 좋을까. 소수 언론에서 싱겁게 짜증을 내는 정도에 그치지 않고 말이다.

유색인종은 제외하고[*]
Not Counting Niggers

10여 년 전에 누군가가 오늘의 정치 형세를 예언했다면 미치광이 취급을 받았을 것이다. 하지만 현재의 상황은—물론 세세하게는 아니고 큰 틀에서—히틀러 이전의 황금기에도 예측이 가능했던 게 사실이다. 영국의 안보가 심각하게 위협받게 되자마자 그와 비슷한 일은 일어날 수밖에 없었다.

번영한 나라에서, 무엇보다 제국주의 국가에서, 좌익 정치는 언제나 어느 정도는 사기 행위다. 적어도 일시적으로나마 영국인의 생활 수준이 떨어지는 결과를 초래하지 않을 진정한 재편 같은 건 있을 수 없다. 이는 대다수 좌파 정치인과 언론·출판인은 자신들이 진심으로 원하지 않는 것을 요구함으로써 생계를 이어 가고 있다는 것과 같은 말이다. 그들은 모든 게 잘 돌아가는 동안엔 열렬한 혁명가들이지만 아주 긴급한 상황이

---

[*] 1939년 7월 《아델피》지 게재.

닥치면 허풍선이였다는 게 바로 드러난다. 수에즈 운하에 대한 협박, "반파시즘", "영국의 이익을 방어함" 같은 게 결국엔 그게 그거였다.

지금 "반파시즘"이라 불리는 것에는 영국의 몫을 걱정하는 부분 말고는 아무것도 없다고 주장하면 너무 피상적이고 부당하다고 할지 모르겠다. 하지만 지난 2년간의 정치적 외설, 즉 무대 위에서 모두가 가짜 코를 단 채 계속해서 방방 뛰어다니는 흉측한 어릿광대극 같은 일은 우리 모두가 한 배를 탔다는 죄의식 없이는 불가능하다. [평화가 신조인] 퀘이커교도들이 군대를 더 키우자고 아우성치고, 공산주의자들이 국기를 흔들어대고, 윈스턴 처칠이 민주주의자 행세를 하는 것 같은 일들 말이다. 영국의 지배층은 본의와는 상당히 다르게 어쩔 수 없이 히틀러를 반대하는 입장에 서게 되었다. 그들이 그런 처지에서 벗어날 길을 찾을 가능성이 여전히 있긴 해도, 그들은 확실히 전쟁을 각오하고서 무장하고 있으며―지금까지처럼 남의 재산이 아니라―자기 재산을 좀 내어주어야만 할 때가 닥치면 나가 싸울 게 거의 확실하다. 한편 이른바 반대측은 전쟁으로 휩쓸려 가는 것을 막으려 하는 대신, 여건을 조성하고 비판의 싹을 차단하면서 앞서 내달리려 한다. 전쟁을 한다는 생각에 영국인들은 여전히 큰 거부감을 느끼지만 받아들이는 사람도 늘고 있는데, 이 책임은 군국주의자가 아니라 5년 전의 '반군국주의자'에게 있다. 노동당은 징집에 대해 사소한 트집을 잡고 있지만, 동시에 그들의 선전물은 실제로 징집에 맞서 싸우는 것을 불가능하게 만들어 버린다. 공장에서는 기관총이 쏟아져 나오고, 출판사에서는 "다음 전쟁의 탱크"나 "다음 전쟁의 가스" 같은 제목을 단 책들이 쏟아져 나오고, 《뉴 스테이츠먼》의 전사들은 "평화 블록"이니 "평화 전선"이니 "민주주의 전선"이니 하는 표현을 써가면서 사태의 본질에 대해선 시치미를 뗀다. 그들은 마치 세상이 양과 염소로만 이루어져 있되 국경으로 깔끔하게 구획되어 있는 척 굴고 있는 것이다.

이에 관해 스트레이트* 씨가 쓴 화제의 책 『유니언 나우』를 눈여겨볼 만하다. 스트레이트 씨는 "평화 블록"의 극성 지지자들과 마찬가지로 민주국가들이 뭉쳐서 독재에 맞서기를 원하지만 그의 책은 두 가지 이유에서 뛰어나다. 첫째로 그는 대부분의 비슷한 부류보다 더 나아가서 약간 섬뜩하긴 해도 건설적인 기획을 제시한다. 둘째로 1920년대 미국인들이 보여 주었던 미숙함 같은 게 좀 있긴 하지만 그는 본질적으로 건전한 정신구조를 가진 사람이다. 전쟁을 한다는 것 자체를 극도로

---

*   클러렌스 스트레이트(Clarence Streit, 1896-1986). 미국의 언론인.

혐오하고, 매수하거나 협박해서 영국의 세력권 안으로 편입시킨 나라가 곧바로 민주국가가 될 수 있는 것처럼 구는 위선에 빠지지 않는다. 그러므로 그의 책은 일종의 시범 테스트 역할을 한다. 이 책에서 당신은 '양과 염소' 이론의 최고봉을 만날 수 있다. 이런 유형을 받아들이지 못한다면 레프트 북클럽이 나눠 주는 유형은 절대로 받아들이지 못할 것이다.

스트레이트 씨가 주장하는 바를 요약하자면 민주국가들이—그가 거명하는 15개국에서 출발하여—자발적으로 하나의 연방국가를 형성하자는 것이다. 동맹이나 연합이 아닌 미합중국 비슷한 유니언으로, 단일 정부와 단일 화폐를 갖추고 내부적으로 완전한 자유무역을 하는 형태다. 최초의 15개국은 물론 미국, 프랑스, 영국, 영제국의 자치령들, 그보다 작은 유럽 민주국가들(책을 쓰던 무렵까지는 존재했던 체코슬로바키아는 제외)이다. 나중에 다른 나라들도 "자신의 가치를 입증하면" 유니언에 들어올 수 있다. 유니언이 누리는 평화와 번영이 크나큰 부러움의 대상이 돼서 금세 다른 모든 나라가 가입하기를 갈망할 거라는 암시가 도처에서 발견된다.

그런데 이러한 구상이 그럴 듯해 보여도 실현성은 떨어진다는 데 주목할 필요가 있다. 물론 그런 일은 일어나지 않을 것이며, 문인이 좋은 뜻으로 주장하는 것치고 실제로 이루어지는 경우가 없고, 스트레이트 씨가 거론하지 않는 어려운 점들도 있다. 하지만 세상 돌아가는 꼴을 보면 그러지 말라는 법도 없다. 지리적으로 미국과 유럽 민주국가들은, 예컨대 영제국의 경우보다 하나가 되기에 더 가깝다.* 그들이 하는 무역은 대부분 서로 간에 이루어지고 있으며, 그 나라들 모두의 영토 안에는 필요한 모든 게 다 있으며, 그들 세력의 합이 워낙 강해서 어떠한 공격을 받아도 (심지어 소련과 독일이 한편이 되어도) 무력하게 만들어 버릴 수 있다는 스트레이트 씨의 주장이 옳은 것 같기도 하다. 그런데도 왜 우리는 이런 구상에 문제가 있다는 걸 단번에 알아볼 수 있는가? 당연히 냄새가 나는바, 냄새를 풍기는 것의 정체는 무얼까?

대체로 그러했듯 냄새의 출처는 위선과 독선이다. 스트레이트 씨는 위선자가 아니지만 그의 시야는 협소하다. 그가 열거한 양과 염소를 다시 한번 보라. 염소(독일, 이탈리아, 일본)에 대해선 주저할 게 없다. 그들은 확실히 염소이며, 그들에겐 몽둥이가 약이다. 하지만 양을 보라! 아주 자세히 보지 않으면 미국은 검사를 통과할 가능성이 높다. 그런데 프랑스는 어떤가? 영국은? 심지어 벨기에와 네덜란드는? 그의 사상적 동지들 모

---

*   이 글을 쓴 당시는 영국이 인도와 아프리카 여러 지역을 식민지로 둔 '해가 지지 않는 나라' 시절이었다.

두와 마찬가지로 스트레이트 씨는 아무 거리낌 없이 민주국가라는 표제 밑에 영제국과 프랑스제국을 한 덩어리로 묶어 놓았다. 두 제국 모두 본질적으로 유색인종의 값싼 노동력을 착취하는 메커니즘에 불과한데도 말이다!

책 여기저기에는 그리 자주는 아니어도 민주국가의 "속민"을 언급한다. "속민"이란 종속된 인종을 뜻한다. 책의 설명은 그들이 계속해서 속민으로 살게 될 것이라고, 그들의 자원은 유니언 가입국들이 공유하게 될 것이라고, 유색인종인 주민들은 유니언의 나라 일에 투표할 권리를 다 얻지 못할 것이라고 한다. 통계표에서 보여 주는 경우들이 아닌 한, 여기에 해당하는 인간의 '수'를 가늠하기는 거의 불가능하다. 예를 들어 "15개 민주국"의 주민을 다 합친 것보다 많은 국민을 보유한 인도는 스트레이트 씨의 책에서 단 한 페이지 반만을 차지하는데, 그것도 단지 인도는 아직 자치 능력이 부족하기 때문에 현 상태가 유지되어야 한다고 설명하기 위해서다. 그리고 여기서 스트레이트 씨의 구상이 실행될 경우 과연 어떤 일이 벌어질지를 비로소 알 수가 있다. 선거권을 박탈당한 6억 명이라는 인간을 지배하는 영제국과 프랑스제국이 미국이라는 새로운 경찰을 순순히 받아들일 것이며, 미국의 엄청난 힘은 인도와 아프리카 강탈의 배후가 될 것이라는 점 말이다. 스트레이트 씨는 무심결에 본심을 드러내고 있지만 "평화 블록"이니 "평화 전선"이니 하는 말이 하나같이 그런 뜻을 내포하고 있다. 전부 기존의 구조를 강화하자는 암시인 것이다. 입 밖에 내지 않고 숨겨진 말은 언제나 "유색인종은 제외하고"이다. 우리가 고국에서 자기 자신을 약하게 만든다면 어떻게 히틀러에 '굳건히' 맞설 수 있겠느냐는 것이다. 달리 말해 훨씬 더 광범위한 불의를 부추기지 않으면서 '파시즘에 대적'하는 게 어떻게 가능하겠느냐, 하고 생각하는 것이다.

과연 우리의 불의는 더 거대하다. 우리가 늘 잊어버리고 있는 건 영제국 프롤레타리아 중 압도적 다수가 영국 내에 살고 있는 게 아니라 아시아나 아프리카에 있다는 사실이다. 이를테면 시간당 1페니를 산업 노동자의 통상임금으로 만들어 버리는 건 히틀러의 소관이 아니다. 이런 임금이 인도에서는 완전히 정상이며, 우리는 그 수준을 유지하기 위해 엄청난 노력을 한다. 영국과 인도의 관계가 정말 어떤 것인지 감을 잡으려면 영국의 1인당 연평균 소득이 80파운드 이상인 반면 인도는 7파운드쯤이라는 걸 잘 생각해 봐야 한다. 인도 막노동꾼의 다리는 보통 영국인의 팔뚝보다 가는 게 보통이다. 여기에 인종 차별적인 뜻은 없다. 같은 인종이라도 제대로 먹은 사람들은 정상 체격을 갖추고 있으며, 그들이 그렇게 깡마른 것은 순전히 굶주렸기 때문이다. 이게 우리 모두를 먹고살게 해 주는 체제이며, 우리는 실제로 변화가 일어날 위험이 전혀 없을 것 같아야만 이 체제를 비난한다. 그런데 요즘에는 이런 체제에 대해 거짓을 말하고 체제 유지를 돕는 게 "선량한 반파시스트"의 최우선 의무가 되어 버렸다.

과연 이런 식으로 약간이라도 의미 있는 해결 방안을 찾을 수 있을까? 그게 가능하다고 하더라도, 그 결과가 히틀러 체제를 무너뜨리면서 그보다 훨씬 더 크면서 마찬가지로 나쁜 체제를 안정시키는 것이라면 승리한들 무슨 의미가 있을까?

그렇지만 진정한 반대 세력이 없다 보니 아무래도 그것이 우리의 목적이 되어 가는 것 같다. 스트레이트 씨의 기발한 아이디어가 실현되지는 않겠지만 "평화 블록" 제안 비슷한 무언가가 실현될 수는 있다. 영국 정부와 러시아 정부는 여전히 입장을 바꿔야 할 때마다 실랑이를 하고 시간을 끌고 은근한 협박을 하는 중이지만, 상황은 그들을 한 방향으로 몰아갈 것이다. 그러면 어떻게 될까? 이 동맹으로 1~2년 동안 전쟁을 모면하긴 할 것이다. 그러면 히틀러는 상대의 취약한 부분이나 무방비한 순간을 감지해 낼 것이다. 우리는 점점 더 빨리 무기, 군대, 선전 등을 늘리며 전의를 고취시킬 것이다. 과연 길어지는 전쟁 준비가 전쟁 자체보다 도덕적으로 더 나은 일인지는 의심스러우며, 약간 더 못할지도 모른다고 생각할 만한 이유도 있다. 그런 식으로 2~3년만 지내다 보면 우리는 거의 저항 없이 오스트로파시즘*의 변종 같은 체제로 전락할지도 모른다. 이에 대한 반발로 그로부터 1~2년 뒤에는 영국에서 본 적이 없는 무언가가, 즉 진짜 파시즘 운동이 벌어질지도 모른다. 그리고 이 세력은 터놓고 말할 배짱이 있기에, 파시즘에 반대해야 마땅할 사람들을 자신들의 대열에 편입시킬 것이다.

이 이상으로 멀리 내다보기는 어렵다. 이렇게 내리막으로의 퇴조가 나타나는 건 거의 모든 사회주의 지도자들이 위기에 처할 때마다 자기네는 '국왕 폐하의 반대 당**'일 뿐이라는 태도를 보이고, 다른 그 누구도 영국인의 양식良識을 일깨울 방법을 알지 못하기 때문이다. 신문을 보는 대신 평범한 사람하고 얘기해 보면 어디서든 마주할 수 있는 양식 말이다. 앞으로 2년 안에 전쟁을 거부하고 제국의 불의를 바로잡는 일을 첫째 사명으로 하는 진정한 대중정당이 출현하지 않는 한, 그 무엇도 우리를 구할 수 없을 것이다. 하지만 그런 정당이 현 시점에

---

* Austrofascism. 1933년부터 1938년까지 오스트리아 연방정부의 집권당이었던 정치연합. 공식 명칭은 '조국전선'이며 나라가 나치 독일에 병합되면서 해체되었다.

** His Majesty's Opposition. 영국 제1야당의 공식 명칭으로, 야당 역시 국왕 밑의 충실한 신하임을 나타낸다.

존재한다 해도, 그것은 단지 가능성으로서만 있을 뿐이다. 물기라곤 없는 토양에서 어쩌다 생긴 몇 안 되는 싹들처럼 말이다.

파시즘과 민주주의[*]
Fascism and Democracy

세상에서 가장 쉬운 심심풀이 중 하나는 민주주의의 허물을 까발리는 일이다. 이 나라에서는 민중의 지배라는 관념에 대하여 반사적인 논쟁조차도 굳이 할 엄두가 나지 않는 분위기이지만, 지난 20년 동안 '부르주아' 민주주의는 파시스트와 공산주의자 양측으로부터 훨씬 더 교묘하게 공격을 받아 왔으며, 보기에는 서로 적인 양측이 같은 근거로 그런 공격을 했다는 점이 매우 의미심장하다. 파시스트들이 필요에 따라 (특유의 더 대담한 선전 방식을 통해) 민주주의가 "최악의 인간을 꼭대기에 올려놓는다"라고 귀족주의적 주장을 펼치기도 하는 게 사실이지만, 전체주의를 옹호하는 모든 이들은 기본적으로 민주주의를 사기라고 주장한다. 민주주의란 한 줌의 부자들에 의한 지배를 위장하는 수단에 불과하다는 것이다. 이 말이 완전히 틀린 건 아

[*] 1941년 3월 『좌파의 배반』에 수록. 오웰은 진보단체 '레프트 북클럽'에서 펴낸 이 에세이집에 두 편의 글을 기고했다.

니며, 명백한 오류인 건 더더욱 아니다. 오히려 더 유익한 점이 있다고 하겠다. 열여섯 살 먹은 학생이 민주주의를 방어하기보다는 공격하기가 훨씬 쉬울 텐데, 민주주의에 대한 공박의 '근거'를 모르거나 거기에 담긴 상당한 진실을 인정할 용의가 없는 사람이라면 어린 학생의 공격에 반박하지 못할 것이다.

먼저 '부르주아' 민주주의에 대한 공박의 근거로 늘 제시되는 바는 경제적 불평등 때문에 틀려먹었다는 주장이다. 하루 12시간 일해서 일주일에 3파운드를 받는 사람에게 이른바 정치적 자유라는 게 무슨 소용인가? 그런 사람이 5년에 한 번씩 선호 정당에 투표할 기회를 갖는다 한들, 그 나머지 시간 동안 그의 삶은 속속들이 고용주에게 휘둘릴 뿐이다. 게다가 실제로 그의 정치적인 일상 또한 휘둘린다. 부유층은 중요한 모든 고위직과 공직을 장악할 수 있으며, 유권자를 직간접적으로 매수함으로써 선거제도를 입맛대로 주무를 수 있다. 어쩌다 잘못돼서 빈곤층을 대변하는 정부가 집권한다 하더라도, 부유층은 자본 유출이라는 겁박 수단을 쉽게 동원할 수 있다. 무엇보다도 중요한 건, 사회 대부분의 문화적·지적 생활이—즉 신문, 책, 교육, 영화, 라디오가—특정 견해의 확산을 막겠다는 강력한 동기를 가진 부자들에 의해 통제된다는 점이다.

게다가 특권층의 지배를 순전히 민주적인 수단으로 무력화

할 수 있다는 보장이란 없다. 이론상으로는 노동당 정부가 명백한 다수를 차지하며 집권하여 합법적으로 즉각 사회주의를 실현하는 게 가능하다. 하지만 실제로는 부유층이 반란에 성공할 것인바, 대부분의 직업공무원들과 군부의 요인들이 그들 편이기 때문이다. 민주적 방식은 모든 정당 간에 상당한 합의가 있어야만 가능할 것이다. 정말로 근본적인 변화를 평화적으로 이루어 낼 수 있다고 여길 만한 유력한 근거는 전혀 없다.

더구나 부유층이 더 이상 자기네 종업원에게 양보할 만한 처지가 아닌 순간이 오자마자 민주주의의 외연 전체가—즉 언론과 집회의 자유, 독립적 노동조합 등등이—붕괴될 것이라는 주장도 흔히 제기된다. 정치적 '자유'란 뇌물일 뿐이며, 피를 안 보는 게슈타포*에 불과하다는 것이다. 우리가 민주주의 국가라고 하는 곳들이 대개 잘 사는 나라들이며, 대부분의 경우 유색인종의 값싼 노동력을 직간접으로 착취하는 중인 게 사실이다. 또한 우리가 아는 민주주의란 게 일부 해양국가 아니면 산악국가인 경우 말고는, 즉 엄청난 규모의 상비군을 보유할 필요 없이 자체 방어가 가능한 경우 말고는 존재해본 적이 없다는 것도 사실이다. 민주주의는 우호적인 삶의 조건과 적

---

*   나치 비밀경찰.

어도 동반자 관계이며, 그런 조건이 필수적인지도 모른다. 가난한 나라나 군국주의적인 나라에서는 민주주의가 번성한 적이 없는 것이다. 영국이 지금처럼 보호받는 지위를 누리지 못하게 된다면 당장 루마니아에서 벌어지는 수준의 야만스러운 정치 수단 동원으로 복귀할 것이라고들 한다.* 더욱이 모든 정부는―민주주의 정부이든 전체주의 정부이든―궁극적으로 폭력에 기반을 두고 있다. 그 어떠한 정부도 심각한 위협을 받는 경우에는 민주적 '권리'에 대해 일말의 존중심도 보일 수 없거나 실제로 보이지도 않는다. 일부러 체제가 전복되는 것을 방조하는 경우에는 예외겠지만. 필사적으로 전쟁에 임해야 하는 민주국가는 독재국가나 파시스트 국가와 전혀 다를 바 없이 강제징집을 하고, 강제노동을 시키고, 내부의 패배주의자들을 투옥하고, 반정부적인 신문들을 탄압한다. 달리 말해 자유민주적이기를 중단해야만 파멸을 피하고 살아남을 수 있는 것이다. 민주국가로서 쟁취해야 마땅한 것들은 전쟁이 시작되자마자 폐기되어 버린다.

여기까지가 '부르주아' 민주주의에 대하여 파시스트와 공

---

* 루마니아는 제2차 세계대전 초기 중립국을 선언했지만, 안전을 보증해 주던 프랑스가 무너지고 소련에 영토를 빼앗기면서 파시스트가 집권해 나치 독일과 동맹을 맺었다.

산주의자가 강조점이 다르긴 해도 공히 제기하는 공박의 근거를 대충 요약해 본 바다. 어느 모로 보나 상당한 진실을 내포하고 있다고 인정하지 않을 수 없다. 그럼에도 불구하고 이 근거가 궁극적으로 오류인 건 왜일까? 민주국가에서 자란 사람이라면 누구나 이러한 주장이 총체적으로 봐서 틀려먹었다는 걸 거의 본능적으로 알지 않은가?

민주주의의 허물을 까발리는 이 익숙한 주장의 오류는, 그것이 현상을 총체적으로 설명하지 못한다는 점에 있다. 나라별로 사회적 분위기나 정치적 행동의 차이가 엄연한데, 이 차이는 법이나 관습이나 전통 등이야 '상부구조*'일 뿐이라고 무시하는 그 어떤 이론으로 설명할 수 있는 것보다 훨씬 크다. 신문지상에서 민주주의가 전체주의와 "매한가지"라고 (아니면 "똑같이 나쁘다"고) 주장하기는 아주 쉽다. 독일에는 강제수용소가 있다. 그런데 강제수용소는 인도에도 있다. 유대인 박해는 파시즘이 지배하는 곳마다 벌어진다. 그러면 남아공의 인종차별법은 어떤가? 전체주의 국가에서 지적인 정직성은 범죄이다. 그런데 영국에서도 진실을 말하고 쓰는 건 딱히 자기에게 도움이 되는 일이 아니다. 이러한 유사성은 얼마든지 찾아볼 수

---

* 마르크스주의 이론에서 사회를 하부구조와 상부구조로 나누는데 하부구조는 생산양식을, 상부구조는 그 이외의 문화나 종교나 언론 등을 포함한다.

있다. 하지만 이런 주장이 넌지시 말하고자 하는 바는, 정도의 차이는 차이가 아니라는 것이다. 물론 이런 주장대로 민주국가에서도 정치 박해가 일어나는 건 분명한 사실이지만, 중요한 건 얼마나 자주 일어나느냐이다. 지난 7년 동안 영국을, 아니면 영제국 전체를 떠나간 망명자가 과연 몇이나 될까? 그리고 독일의 경우는 얼마나 될까? 여러분 지인 가운데 경찰봉으로 두들겨 맞거나 아주까리기름을 (생맥주 잔으로) 몇 잔씩 강제로 삼켜야 했던 사람이 몇이나 될까?* 가까운 펍에 가서 이 전쟁은 자본가들을 위한 전쟁이니 당장 중단해야 한다는 생각을 표현할 경우 위험할 거라는 생각이 얼마나 드는가? 6월 숙청**, 러시아의 트로츠키주의자 심판***, 폼 라스**** 암살 이후의 집단학살 같은 일들에 비견할 만한 사례를 최근 영국이나 미국의 역사에서 지목할 수 있는가? 내가 지금 쓰고 있는 것과

---

* 아주까리기름은 다량 섭취 시 설사와 탈수증을 유발해서 고문 용도로 사용되었다. 특히 스페인과 이탈리아의 파시스트 정당이 반대 세력에게 그런 고문을 가했다.
** 1934년 6월 30일 히틀러가 벌인 나치당 내 숙청 작업.
*** 스탈린이 1936년부터 벌였으며 대숙청의 전조가 되었던 모스크바 재판(Moscow trials).
**** 에른스트 폼 라스(Ernst vom Rath, 1909-1938). 독일 귀족 출신의 외교관이자 나치당원. 유대계 소년에게 의문의 암살을 당하며, 이 사건이 유대인 인종학살의 구실로 활용된다.

비슷한 글을 적색, 갈색, 흑색 중 어느 세력이 지배하는 곳이든* 전체주의 국가에서 출판하는 게 가능한가? 《데일리 워커》 같은 좌파신문이 이제 막 탄압을 당하고 있지만 창간 10주년 이후의 일이며, 로마나 모스크바나 베를린에서라면 10일도 생존하지 못했을 것이다. 게다가 지난 6개월 동안 영국은 전쟁 중일 뿐만 아니라 트라팔가 해전 이후 그 어느 때보다도 더 절박한 곤경에 처해 있다. 더욱이—여기가 핵심인바—《데일리 워커》가 탄압을 받는다 하더라도 해당 신문사 간부들은 거리낌 없이 과감한 분노를 표출하고, 자신들을 변호하는 성명을 발표하고, 의회에 나가 증언하고 여러 정파의 호의적인 사람들에게 도움을 요청할 수 있다. 다른 많은 나라들 같으면 당연히 벌어질 신속하고 결정적인 "청산"은 일어나지 않을 뿐만 아니라 그런 일이 일어날 '수' 있다는 생각도 거의 떠올리기 어렵다.

영국의 파시스트와 공산주의자 들이 히틀러에 동조하는 심정이라고 해도 별로 특별할 건 없다. 정말 중요한 것은 그들이 그런 속내를 감히 드러낸다는 점이다. 그럼으로써 그들은 민주적 자유가 완전 엉터리인 건 '아님'을 은연중에 인정하고 있다. 1929년부터 1934년까지 공산주의 정통파들은 "사회파시즘"

* 적색은 러시아 공산당, 갈색은 독일 나치당, 흑색은 이탈리아 파시스트당을 상징한다.

(즉 사회주의)이 노동자의 진짜 적이며, 자본주의적 민주주의는 파시즘보다 결코 낫지 않다는 믿음을 가지고 있었다. 그러나 히틀러가 집권하자 독일의 공산주의자들 수천 명 이상이 프랑스, 스위스, 영국, 미국 등 자신들을 용인해 주는 민주국가로 탈출했다(그러면서도 같은 신조를 피력하였고 한동안 같은 입장을 고수했다). 이들은 말과 속내가 다름을 행동으로써 보여 주었으니, 레닌의 표현대로 "발로 투표한"* 것이다. 바로 여기서 우리는 자본주의적 민주주의가 보여 줘야 할 최상의 자산과 마주치게 된다. 그것은 민주국가 시민들이 향유하는 상대적 안전감이고, 친구와 정치 얘기를 할 때 열쇠구멍에 게슈타포의 귀가 붙어 있지 않다는 안도감이며, 내가 법을 어기지 않는 한 "그들"이 나를 처벌할 수 없다는 믿음이며, 법이 국가 위에 있다는 믿음이다. 이러한 믿음이 일정 부분 허상이라는 건 중요하지 않다. 실제로 그것이 허상인 면은 있지만, 대중의 행동에 영향을 끼칠 수 있는 널리 퍼진 허상은 그 자체로 중요한 사실이기 때문이다. 현재 또는 향후의 영국 정부가 《데일리 워커》를 탄압하다 못해, 이탈리아와 독일에서처럼 공산당을 아예 분쇄해 버

---

*　레닌은 혁명 당시 군대를 이탈한 러시아 군인들은 "그들의 발로 투표를 했다"고 이야기했다. 이후 이 표현은 어느 장소에 가거나 자리를 뜸으로써 의사를 표시한다는 관용구로 사용된다.

리기로 작정했다고 상상해 보자. 정부는 곧 실현 가능성이 없음을 알게 될 공산이 크다. 이런 식의 정치적 박해는 본격적인 게슈타포만이 해낼 수 있는 일인데, 영국에는 그런 비밀경찰이 없고 당장 만들어낼 수도 없기 때문이다. 그런 조직에 대한 사회 분위기도 너무나 적대적이며, 필요한 인력을 갖출 수도 없다. 우리가 파시즘에 맞서 싸우다 보면 우리 자신이 파시스트가 되어 버릴 거라고 장담하는 평화주의자들은 모든 정치 시스템이 인간에 의해 운영된다는 점을, 아울러 인간은 과거의 영향을 받는다는 점을 망각하고 있다. 영국이 전쟁의 결과로 퇴행적인 변화를 많이 겪을 수 있다. 하지만 정복을 당하지 않는 한 나치 독일의 복제판이 될 리는 없다. 오스트리아 파시즘 비슷한 것으로 발전할지는 몰라도 적극적이고 급진적이면서 악성인 유형의 파시즘으로 가지는 않을 것이다. 필요한 인적 자원이 없기 때문이다. 그만큼 우리는 300년 동안의 안전 덕을 보고 있으며, 지난 전쟁에서 패하지 않았다는 사실에 빚지고 있다.

하지만 나는 여기서 《데일리 워커》의 사설에서 언급되는 "자유"가 쟁취할 만한 유일한 것이라고 주장하는 게 아니다. 자본주의적 민주주의는 그 자체로 충분하지 않을뿐더러 다른 무언가로 변하지 않고서는 살아남지 못할 것이다. 케케묵은 관념에 젖은 우리의 보수당 정치인들은 영국이 승전하면 그저 과거로 돌아가리라 믿고 바라는지도 모르겠다. [제1차 세계대전 이후의] 베르사유 조약 같은 걸 다시 하고, 실업자가 수백만 명이더라도 "정상적인" 경제생활로, 스코틀랜드 황야에서의 사슴사냥으로, 7월 11일에 행하는 이튼 학교와 해로우 학교의 라이벌전 등등으로 회귀하리라고 말이다. 극좌파인 반전 이론가들은 그런 회귀를 두려워하거나 두려워하는 척한다. 이런 생각들은 우리가 맞서 싸우는 상대의 힘을 아직까지도 미처 파악하지 못한 정체된 사고방식이다. 나치즘은 독점 자본주의가 위장한 모습일지도 모르나, 아무튼 19세기적 의미의 자본주의인 것은 아니다. 나치즘의 지배 수단은 수표책이 아니라 칼이다. 나치즘은 중앙집중식 경제로서 전쟁을 위해 능률화되어 있으며, 통제하의 노동력과 원자재를 극도로 잘 활용할 수 있다. 구식 자본주의 국가는 세력들이 모두 다른 방향으로 분산되고, 군비 확충은 이윤 추구 때문에 지연되고, 무능한 천치들이 세습으로 고위직을 차지하고, 계급 간의 마찰이 그치지 않는 형편이라 나치즘 같은 방식과 경쟁이 되지 않는다. 인민전선* 캠페인이 성공해서 영국이 2~3년 전에 프랑스 및 소련과 연합하여 독일

---

*   Popular Front. 1930년대 유럽에서 이탈리아, 독일의 파시즘 세력을 저지하기 위한 좌파 진영의 연합 운동을 말하며, 영국에서는 보수당과도 연합하려던 시도가 있었으나 실패했다.

에 예방 전쟁을 걸거나 전쟁의 위협을 가했더라면 영국 자본주의의 형편이 나아졌을지도 모른다. 하지만 그런 일은 일어나지 않았고, 히틀러는 무장을 완비할 시간을 벌어 적들을 갈라놓는 데 성공하고 말았다. 영국은 적어도 1년은 혼자 싸워야 할뿐더러 승리하기가 아주 버거운 상황이다. 우리의 강점은 첫째로는 해군력에 있으며, 둘째로는 가용 자원이—다 활용할 수만 있다면—결국 상대보다 훨씬 많다는 데 있다. 다만 우리는 사회, 경제 시스템을 완전히 다 바꾸어야만 그것들을 활용할 수 있다. 노동 생산성, 온 국민의 항전 의지, 유색인종 민족과 유럽의 피점령국 국민이 우리를 대하는 태도, 이 모든 것은 영국이 현상유지를 위해 싸우는 이기적인 금권정치 국가일 뿐이라는 괴벨스*의 비난이 틀렸음을 우리가 입증할 수 있느냐에 달려 있다. 우리가 금권정치 국가에 머무른다면—괴벨스의 주장이 완전히 틀린 것도 아니기에—우리는 점령당하고 말 터이다. 체임벌린**의 영국과 히틀러가 우리에게 강요하려는 체제 중 하나를 선택하라면, 나는 일말의 주저함도 없이 체임벌

---

*　　히틀러의 최측근이었던 나치의 선전장관.

**　　네빌 체임벌린(Neville Chamberlain, 1869-1940). 보수당 정치인으로 1937년부터 1940년까지 총리를 지냈다. 독일에 대해 소극적인 자세를 보이다 뒤늦게 선전포고를 했고, 결국 자리를 처칠에게 넘겨 주고 말았다.

린의 영국을 택할 것이다. 단, 그런 대안은 현실적으로 존재하지 않는다. 거칠게 말해 선택지는 사회주의 아니면 패전이다. 전진하느냐 죽느냐인 것이다.

지난 여름 영국의 상황이 지금보다 명백히 절박했을 때는 이런 사실을 사람들이 대체로 잘 인식하고 있었다. 여름 동안의 위기감이 옅어진 건 사람들의 예상보다 사태의 전개가 덜 처참했기 때문이기도 하지만, 전반적인 불만에 목소리와 방향성을 부여해 줄 정당이나 신문이나 뛰어난 인물이 없었기 때문이기도 하다. 도대체 우리가 왜 이런 진창에 빠지게 되었는지, 헤어날 길은 무언지를 설명해 줄 수 있는 주체가 없었던 것이다. 국민을 결집시킨 사람은 처칠이었다. 그는 재능과 용기를 갖춘 사람이지만 한계가 있고 구식인 애국자다. 사실 처칠은 "우리는 영국을 위해 싸우고 있다"라고 말했을 뿐이지만 사람들이 몰려들어 그를 따랐다. 누군가가 "우리는 사회주의를 위해 싸우고 있다"라고 말해서 사람들을 그만큼 감동시킬 수 있었을까? 사람들은 자신들이 버림받았다는 걸 알았고, 기존의 사회 체제가 전부 잘못됐으며 자신들이 원하는 건 다른 무언가임도 알았다. 그렇다고 그들이 원한 게 사회주의였을까? 그나저나 사회주의는 대체 뭐였던가? 이 단어는 오늘까지도 영국민 대다수에게 모호한 의미를 띠는데, 감성적인 호소력은 없는 게 확실하다. 사회주의를 위해 죽을 사람들은 가령 왕이나 조국을 위해 죽을 사람들만큼 많지 않다. 아무리 처칠을 존경한다 하더라도(개인적으로 나는 그의 정치는 별로 좋아하지 않아도 한 인간이자 작가로서의 그는 늘 존경해 왔다), 그가 지난 여름에 한 일에 대해 아무리 감사한다 하더라도, 오늘날과 같은 파국의 시기에 보수당 인물이 나라를 이끌어 주기를 국민들이 여전히 바란다는 사실이야말로 영국 사회주의 운동에 대한 끔찍한 평가가 아닌가?

영국이 지금껏 가져 보지 못한 것은 원칙에 충실하면서 당대의 현실도 고려할 줄 아는 사회주의 정당이다. 노동당이 어떤 계획을 발표하든, 지난 10년간 당 지도자들이 자기 생전에 근본적인 변화를 예상하거나 보고 싶어 하는 경우를 상상하기는 어려웠다. 결국 좌익 운동에 존재하던 혁명적 태도는 여러 막다른 골목으로 졸졸 흘러들었고, 그중 가장 중요한 곳이 공산주의였다. 공산주의는 애초부터 서유럽에서 가망 없는 운동이었으며, 여러 나라의 공산당들이 일찌감치 러시아 정권의 광고대행사에 불과한 조직으로 전락하고 말았다. 그런 상황에서 그들은 러시아의 정책이 바뀔 때마다 당의 강령을 수정할 뿐만 아니라 포섭하려던 추종자들의 민족적 본성이나 전통을 낱낱이 모욕해야만 했다. 이 나라 공산주의자들의 제2의 조국 러시아는 내전과 기근과 숙청 이후 과두정치 체제로, 엄혹한 사상통제와 영도자에 대한 맹신이 상식인 나라로 굳어진 곳이다. 그런데도 공산주의자들은 러시아는 배울 점이 있을지는 몰라도 모방해서는 안 되는 퇴행적인 나라라고 지적하는 대신, 숙청이나 '청산' 같은 것들을 (제대로 된 정신을 가진 사람이라면 누구나 영국에도 전파되기를 바라는) 건강한 징후로 가장하는 태도를 취해야 했다. 그런 신조에 매혹되는 사람과 그 본질을 알고 나서도 같은 신조에 여전히 충실한 사람들은 신경증적이거나 악의에 찬 경향이 있다. 잔혹성이 구현되는 광경에 매료되는 사람들인 것이다. 이런 사람들은 영국에서 일정한 추종 세력을 확보할 수 없지만 위험한 세력이 될 수는 있다. 스스로를 혁명가라고 부르는 사람들이 그들 말고는 없다는 단순한 이유 때문이다. 당신이 사회에 불만이 있다면, 기존의 사회 체제를 힘으로 전복하고 싶다면, 그러한 목적을 추구하는 정당에 가입하고 싶다면, 공산당원이 되는 수밖에 없다. 그런 당은 공산당밖에 없기 때문이다. 공산주의자들은 자기네 목적을 달성하지는 못하더라도 히틀러의 목적을 이룰 수는 있다. 예를 들어 이른바 인민회의*는 영국에서 세력을 얻기는 어렵겠지만 중대

---

*   영국 공산주의자들 중 일부가 노동당과 노조에 수립하자고 제안한 인민정부.

한 어느 시점에 히틀러에게 큰 도움이 될 만한 정도의 패배주의를 확산시킬 수는 있다. 한편에는 인민회의가 있고 다른 한편에는 "옳건 그르건 내 조국" 같은 유형의 애국주의가 있으며, 현재는 그 사이에 취할 만한 정치노선이 없다.

영국에서 진정한 사회주의 운동이 나타난다면(패전하지 않으려면 나타나야 하며 그 바탕은 이미 무수한 펍과 방공호에서 나누는 대화 속에 있다) 지금과 같은 정당 간의 분열을 극복할 것이다. 진정한 사회주의는 혁명적인 동시에 민주적일 것이다. 가장 근본적인 변화를 추구할 것이며, 필요하다면 기꺼이 폭력을 사용할 것이다. 그러면서도 모든 문화가 똑같지 않다는 것을, 혁명이 실패하지 않기 위해서는 민족별 정서나 전통을 존중해야 한다는 것을, 영국이 러시아나 중국이나 인도가 아니라는 것을 인식할 것이다. 영국의 민주주의가 완전 엉터리인 건 아니며 "상부구조"에 불과한 것도 아님을, 오히려 영국의 민주주의가 지극히 가치 있는 무언가로서 보존되고 확장되어야 하며 모욕당해선 아니 됨을 알아차릴 것이다. 이러한 이유로 나는 여기까지 많은 지면을 할애하여 "부르주아" 민주주의에 대한 익숙한 공박에 반박했다. 부르주아 민주주의는 충분하지는 않아도 파시즘보다는 훨씬 나으며, 여기에 반대한다는 건 자기가 걸터앉아 있는 나뭇가지를 톱으로 잘라 버리는 행위이다.

이런 사실을 지식인들은 모른다 하더라도 보통 사람들은 안다. 보통 사람들은 민주주의 "허상"을, 그리고 정직성과 최소한의 품위라는 서구의 관념을 단단히 고수하려 한다. 보통 사람들에게 호소하면서 로렌스 앤드 위셔트* 식의 전문용어로 마키아벨리 이론을 설파하며 "현실주의"나 패권적 국제정치를 거론해 봤자 소용없는 일이다. 그렇게 해서 이룰 수 있는 거라곤 히틀러가 바라는 혼란 같은 것뿐이다. 영국민 다수를 결집할 수 있는 운동이라면, 교조적인 마르크스주의자들이 "허상"이나 "상부구조"라며 폄하하는 민주적 가치들에 중점을 두어야 한다. 이 운동의 주체는 자신의 과거 및 전통과 맥이 닿아 있는 유형의 사회주의를 내놓아야 한다. 그러지 못한다면 외부의 공격을 받아 끔찍한 꼴을 당하며 진압당할 것이다. 민주주의에 대한 신념을 훼손하려는 이가 있다면, 종교개혁 이후 몇 세기 동안과 프랑스 혁명으로부터 가져온 도덕률을 갉아먹으려는 이가 있다면, 그는 자신이 아니라 히틀러를 위한 세력 구축에 일조하는 셈이다. 이는 유럽에서 우리가 너무나 흔히 보아 왔던 과정인바, 그 속성을 알아보지 못한다는 건 더 이상 양해해 줄 수 없는 일이다.

---

* 영국 공산당과 연계돼 있던 출판사.

파시즘이란 무엇인가?*
What is Fascism?

우리 시대에 답을 얻지 못한 질문들 가운데 아마도 가장 중요한 것은 "전체주의란 무엇인가?"일 것이다.

미국의 한 여론조사 기관이 최근에 이 질문을 100명에게 해서 얻은 답은 "순전한 민주주의"에서부터 "순전한 악마주의"에 이르기까지 다양하다. 이 나라에서 생각 있는 평균적인 사람에게 파시즘을 정의해 보라고 한다면 대개 독일이나 이탈리아의 체제를 가리키며 답할 것이다. 하지만 이 대답은 아주 불만족스럽다. 주요한 파시스트 국가들일지라도 구조나 이념이 서로 상당히 다르기 때문이다.

예컨대 독일과 일본을 같은 틀에 맞추기는 쉽지 않으며, 파시스트 국가라고 부를 만한 작은 나라들의 경우엔 더 어렵

---

*   1944년 3월 《트리뷴》에 게재. 원제는 고정 칼럼의 제목인 "나 좋을 대로As I Please"이다. 오웰은 자신이 문예 부문 편집장으로 있던 《트리뷴》에 말 그대로 "좋을 대로" 고정 칼럼을 썼다.

다. 예를 들어 파시즘은 본래 호전적이고, 전쟁의 광기가 판을 치는 분위기에서 번성하고, 경제 문제를 해결하기 위해 전쟁 준비나 대외 침략이라는 수단만을 사용한다는 가정을 흔히들 한다. 그런데 이게 이를테면 포르투갈이나 남미의 여러 독재 국가에는 들어맞지 않는다. 다른 예로 반유대주의는 파시즘의 가장 뚜렷한 징표인데, 일부 파시스트 운동은 반유대주의적이지 않다. 미국의 잡지들이 깊이 있는 논란을 여러 해 동안 요란스럽게 벌여 왔지만 파시즘이 자본주의의 한 형태인지 아닌지에 대해서도 해결을 보지 못했다. 그렇긴 해도 '파시즘'이란 용어를 독일이나 일본이나 무솔리니의 이탈리아에 적용할 때 우리는 그게 어떤 의미인지를 대략 안다. 그렇지만 국내 정치의 영역에서는 이 단어가 그 의미를 흔적조차 잃어버린다. 언론의 보도를 살펴보면 지난 10년간 파시스트라는 비난을 받지 않은 사람이 거의 없으며, 그런 비난을 받지 않은 정당이나 조직체는 아예 없다.

여기서 나는 '파시스트'란 용어를 입말로 표현한 경우를 말하는 게 아니다. 활자로 찍혀 있는 사례를 말하는 것이다. 나는 아래의 집단들에 대해서 "온정적 파시스트", "파시스트적 경향", 아니면 아예 "파시스트"라는 표현을 매우 진지한 태도로 구사하는 것을 보았다.

보수주의자: 모든 보수주의자는(타협적이든 비타협적이든) 개인적으로 친파시스트인 것으로 간주된다. 인도나 그밖의 식민지에 대한 영국의 지배는 나치즘과 구분이 되지 않는 것으로 간주된다. 애국주의 타입이나 전통주의 타입이라고 할 수 있는 단체에는 비밀 파시스트나 "파시스트 심성"이라는 딱지가 붙는다. 사례로는 보이스카우트, 런던 경찰청, MI5[*], 영국재향군인회를 들 수 있다. 핵심 문구는 "사립 기숙학교[**]는 파시즘의 온상이다"라고 하겠다.

사회주의자: 구식 자본주의 옹호자들은(예를 들어 어니스트 벤 경 같은 사람이다) 사회주의와 파시즘이 똑같은 것이라고 주장한다. 일부 가톨릭계 언론인들은 나치 점령국들에서 사회주의자들이 주요 부역자로 활동했다고 주장한다. 같은 혐의를 다른 각도에서 제기하는 경우도 있으니, 공산당이 극좌 노선을 취할 때가 그러하다. 《데일리 워커》는 1930년부터 1935년까지 노동당을 노동 파시스트라 불렀다. 아나키스트 같은 극좌파가 비슷한 주장을 하는 경우도 있다. 인도의 일부 민족주의자들은 영국의 노조들을 파시스트 조직으로 본다.

공산주의자: 상당수의 학자들(예컨대 라우쉬닝, 피터 드러커,

---

[*] 군사정보국 제5과Military Intelligence, Section 5. 영국의 국내 대간첩 활동 등을 책임지는 정보기관.
[**] 주로 이튼, 해로우 등의 명문 중·고등학교를 말한다.

제임스 버넘, F. A. 보이트)은 나치 체제와 소비에트 체제가 어떻게 다른지 인식하기를 거부하고, 모든 파시스트와 공산주의자는 지향점이 거의 같으며 심지어 어느 정도는 같은 사람들이라고 주장한다. 전쟁 전의 《더 타임스》 주필들은 소련을 "파시스트 국가"라 칭한 바 있다. 역시 비슷한 주장이 다른 각도에서 제기되는 경우가 있으니, 아나키스트와 트로츠키주의자가 그렇게 이야기한다.

트로츠키주의자: 공산주의자는 트로츠키주의자, 달리 말해 트로츠키 자신이 이끄는 조직이 나치에 부역하는 비밀 파시스트 조직이라고 비난한다. 이는 인민전선 시기에 좌파 측이 일반적으로 가지고 있던 생각이었다. 극우적 노선을 취하는 공산주의자들도 자신들 내부에서 왼쪽에 있는 모든 파벌들에게(예컨대 공동부유당이나 독립노동자당에게) 같은 혐의를 씌우는 경향이 있다.

가톨릭: 교회 밖에서 가톨릭 교회는 거의 일반적이라 할 정도로 친파시스트로 간주되며, 객관적 의견이든 주관적 의견이든 모두 그러하다.

반전론자: 반전 성향인 평화주의자 등은 추축국을 이롭게 할 뿐만 아니라 파시스트에 온정적인 기색을 보인다는 비난을 자주 받는다.

전쟁 지지자: 반전론자들은 영국의 제국주의가 나치즘보다 더 나쁘다는 주장을 기본 입장으로 내세우며, 군사적인 승리를 기원하는 모든 사람을 "파시스트"라고 지칭한다. 인민회의의 경우 나치의 침공에 기꺼이 저항하겠다는 자세는 파시스트를 동정하는 징표라고 주장하기 직전까지 갔다. [민방위대인] '향토 방위군'은 창립 때부터 파시스트 단체라는 비난을 받았다. 게다가 전쟁에 적극 대비하는 자세를 파시즘과 동일시하는 경향을 좌파 전체가 보인다. 정치적으로 의식 있는 말단 병사들은 자기 위의 장교를 언급할 때 거의 항상 "파시스트 마인드"나 "타고난 파시스트"라는 표현을 쓴다. 군사훈련소, 칼같이 각 잡기, 장교들의 경례법은 모두 파시즘을 조장한다는 것이다. 전쟁 전에 의용군에 가입하면 파시스트가 될 조짐이라는 얘기들을 했었다. 징집제와 모병제 모두가 파시스트 현상의 하나라며 배격당했다.

민족주의자: 민족주의는 본질적으로 파시스트라는 주장이 일반적이다. 그런데 이 주장은 발언자가 그때그때 반대하는 민족운동을 지칭할 때만 붙는다. 예를 들어 폴란드 민족주의, 핀란드 민족주의, 인도국민의회당, 무슬림연합당, 시오니즘, 아일랜드공화국군(IRA)을 모두 파시스트라 칭하는데, 그렇게 부르는 주체는 다양하다.

이렇게 용례를 볼 때 '파시즘'이라는 단어는 사실상 무의미하다고 할 것이다. 당연히 대화 중에서는 인쇄물에서보다 훨씬 더 막무가내로 사용된다. 예를 들면 나는 파시즘이라는 말이 다음과 같은 대상에게 사용되는 걸 들은 적 있다. 농부, 가게 주인, 사회신용론, 체벌, 여우사냥, 투우, 1922 위원회*, 1941 위원회**, 키플링, 간디, 장개석, 동성애자, 프리슬리의 방송, 유스호스텔, 점성술, 여성, 개 그 외 기타 등등.

그렇지만 이 모든 잡탕 밑에 묻혀 있는 의미는 분명히 있다. 첫째로, 파시스트라고 불리는 체제와 민주주의라고 불리는 체제 사이에 아주 큰 차이가 있는 건 명백하다. 그 차이를 분간하기 쉬운 경우도 있고 해석하기 어려운 경우도 있지만 말이다. 둘째로 '파시스트'가 '히틀러에 동조하는' 것을 의미한다면, 앞에서 내가 예로 든 것들 중에서 일부는 확실히 그런 비난을 받을 만하다. 셋째로 '파시스트'라는 단어를 아무 데나 마구 남발하는 사람일지라도 정서적으로 매우 중요한 의미를 부여하고 있다. 그들이 말하는 '파시즘'이란 거칠게 말하자면 무언

---

*   1922년에 선출된 보수당 하원의원들 중 내각에 참여하지 않은 인사들이 구성한 교섭단체로서 당의 주요 현안을 결정했다.
**   1940년에 진보 진영 정치인 및 민간인 다수가 결성한 단체로서 전쟁을 더 효과적으로 지원하는 시스템 구축을 독려했다.

가 잔인하고, 무도하고, 오만하고, 무지몽매하고, 반자유주의적이고, 반노동계급적인 것이다. 파시스트에 온정적인 일부 사람들을 제외하고 영국인이라면 거의 대부분 '무뢰한'*을 '파시스트'의 동의어로 받아들일 것이다. 이 정도가 이토록 남용된 단어에 가장 근접하는 정의가 아닐까 한다.

그런가 하면 파시즘은 정치 시스템이기도 경제 시스템이기도 하다. 그렇다면 왜 일반적으로 받아들여지는 명확한 정의가 없을까? 안타깝게도 그런 정의를 얻는다는 건 불가능할 것이다. 적어도 당장은 그렇다. 이유를 설명하자면 너무 길어질 테니 대략적으로 말하자면 그 누구도 (즉 파시스트 본인도 보수주의자도 사회주의 각 분파도) 선뜻 인정하려고 하지 않는 합의점을 받아들이지 않는 한 파시즘을 만족스럽게 정의하는 게 불가능하기 때문이다. 지금 우리가 할 수 있는 거라곤 이 단어를 가능하면 조심스럽게 사용하는 것이며, 흔히 그러하듯 욕설 수준으로 격하하지 않는 것일 뿐이다.

---

* bully. 약자를 상습적으로 괴롭히는 사람이라는 뜻이며, 오웰이 자주 사용하는 단어이다.

전체주의적 미래에 대한 전망*
Visions of a Totalitarian Future

스페인 공화국 정당들 간의 권력투쟁은 불행한 일이며, 나로서는 지금에 와서 떠올리고 싶은 마음이 없는 먼 옛날의 일이다. 여기서 언급하는 이유는 다른 점을 말하기 위해서다. 공화국 정부 쪽 내부 문제에 관하여 읽은 게 있다면 아예 믿지를 말거나 믿어도 아주 조금만 믿으라는 것이다. 그것은 어떤 원천에서 나온 것이든 전부 당의 선전, 즉 거짓말이다. 전쟁의 대체적인 진실은 꽤나 단순하다. 스페인의 부르주아들은 노동운동을 분쇄할 기회를 발견하여 잡았고, 나치와 세계 각지 반동 세력에게 도움을 받았다. 그보다 더 분명한 사실이 성립될 수 있을지 의문스러울 정도다.

---

*   1942년 가을에 써서 1943년 여름에 일부가 《뉴 로드》에 발표되었던 에세이 「스페인 내전을 돌이켜본다Looking Back on the Spanish War」의 일부이며 제목은 역자가 붙인 것이다. 한겨레출판에서 나온 『나는 왜 쓰는가』에 실린 동일 역자의 번역문으로, 출판사의 양해를 얻어 싣는다.

나는 아서 쾨슬러에게 "역사는 1936년에서 멈췄다"는 말을 한 기억이 있다. 내 말을 바로 알아듣겠다는 듯 그는 고개를 끄덕였다. 우리 둘 다 전체주의 전반에 대해, 특히 스페인 내전에 대해 생각하고 있었던 것이다. 나는 어떤 사건도 신문에 정확히 보도될 수 없다는 점에 일찌감치 주목한 바 있었는데, 그러다 스페인에 가서 처음으로 신문이 사실과는 아무 관계가 없는 것들을 보도하는 것을 실제로 목격하게 되었다. 평범한 거짓말에는 약간이라도 담기기 마련인 최소한의 관련성도 없는 보도였다. 나는 싸움이 벌어지지도 않았는데 대단한 전투가 보도되는 것을 보았고, 수백 명이 목숨을 잃었는데도 완전히 침묵하는 것도 보았다. 용감하게 싸운 부대원들을 비겁자나 반역자로 몰아세우는 것도 보았고, 총성 한 번 못 들어 본 이들을 상상의 승리를 거둔 영웅으로 마구 추켜세우는 것도 보았다. 또한 런던의 신문들이 그런 거짓을 그대로 옮겨 적는 것도 보았고, 열성적인 지식인들이 일어난 적도 없는 사건에다 감성적으로 살을 붙이는 것도 보았다. 달리 말해 나는 역사가 실지로 일어난 대로 기록되는 게 아니라 이런저런 '당의 노선'에 따라 일어났어야 하는 대로 써지는 것을 본 것이다. 그런데 어찌 보면 그런 일들은 충격적이긴 해도 그리 중요한 게 아니었다. 그것들은 부차적인 문제와 관련된 사건이었다. 즉 코민테른*과 스페인 좌파 정당들 간의 권력투쟁, 그리고 스페인에서 혁명이 일어나는 것을 막으려는 러시아 정부의 노력과 관련이 있던 일이었다. 그렇다고 스페인 정부가 세계에 제시한 전쟁의 큰 그림이 거짓인 건 아니었다. 중요한 건 그 그림이 어떤 문제를 다루느냐는 점이었다. 그러면 파시스트와 그 지지세력의 경우, 그만큼이라도 진실에 가깝게 접근할 수 있었을까? 과연 그들이 자신들의 진짜 목적을 언급이나마 할 수 있었을까? 그들이 묘사하는 전쟁은 순전히 공상이었고, 그들로선 그 상황에서 다른 방법이 없었을 것이다.

나치와 파시스트들에게 열려 있는 유일한 선전 노선은 자신들을 러시아의 독재로부터 스페인을 구하는 기독교 애국지사로 표현하는 것뿐이었다. 그러자면 스페인 공화국 정부 시절의 생활은 그저 긴 학살극이었다는 식으로 선전할 필요가 있었고 (영국의 《가톨릭 헤럴드》나 《데일리 메일》을 보면 되는데, 그럼에도 이 둘은 대륙의 파시스트 언론에 비하면 어린애 장난 수준이었다) 러시아의 개입 수준을 엄청나게 과장할 필요도 있었다. 전 세계의 가톨릭 언론과 반동 언론이 쌓아 올린 거대한 거짓의 피라미

---

*   Comintern. 1919년에 레닌이 창설한 국제 공산당 연합. 스탈린에 의해 변질되었다가 1943년에 해체되었다. 제3인터내셔널Third International이라 불리기도 했다.

드 중에 정점 하나만 언급하기로 하자. 스페인에 있었다는 러시아 군대 얘기다. 프랑코의 열성 당원들은 모두 그것을 사실로 믿었고, 러시아군 병력 추정치는 거의 50만에 달하기까지 했다. 하지만 스페인에 러시아 군대는 없었다. 비행사와 그 밖의 전문 인력이 조금 있었지만 그 수는 기껏해야 몇백 정도였고 군대는 확실히 없었다. 스페인 사람 수백만은 말할 것도 없고 스페인에서 싸운 수천 명의 외국인이 증인이었다. 하지만 그들의 증언은 프랑코의 선전가들(공화국 정부에 발을 들여놓았던 이는 단 하나도 없었다)에게 아무 영향도 끼치지 못했다. 또한 이 선전가들은 독일이나 이탈리아의 개입에 대해서도 사실을 전혀 인정하려 하지 않았다. 그때 독일과 이탈리아의 언론들은 자국 "대군"의 무공을 공공연히 자랑하고 있었는데 말이다. 여기선 이런 사례 딱 하나만 언급하지만, 전쟁에 대한 파시스트의 선전이란 게 전부 이런 수준이었다.

세상이 이런 식으로 돌아가는 걸 보며 나는 큰 두려움에 사로잡힌다. 이 세상에서 객관적인 진실이라는 개념 자체가 사라져 간다는 느낌이 들곤 하기 때문이다. 결국엔 그런 거짓들이, 아니면 그 비슷한 거짓들이 역사가 되어 버릴 개연성이 다분한 것이다. 스페인 내전의 역사는 어떤 식으로 기록될까? 프랑코가 권좌를 계속 유지한다면 그가 지목한 이들이 역사책을 쓸 것이고, 있지도 않았던 러시아 군대가 역사적 사실이 될 것이며, 학생들은 계속해 그 내용대로 배워야 할 것이다. 그렇다면 파시즘이 결국 패배하여 꽤 가까운 미래에 스페인에 모종의 민주 정부가 회복된다면 어떻게 될까? 그러고 나면 전쟁에 관한 진짜 역사가 써질 수 있을까? 이미 지적한 바와 같이 공화국 정부 역시 상당한 거짓을 선전했다. 반파시스트의 입장에서 전쟁에 관한 역사를 큰 틀에서는 진실된 내용으로 쓸 수는 있겠지만, 그 역시 세세한 부분에선 신빙성이 떨어지는 당파적 역사일 것이다. 아무튼 결국엔 '모종'의 역사가 기록될 터인데, 전쟁을 실제로 기억하는 사람들이 다 죽고 나면 그 역사가 보편적으로 받아들여질 것이다. 그리고 온갖 현실적인 목적을 위해 거짓이 사실이 될 것이다.

기록된 역사 대부분은 어떤 식이든 거짓이라는 말이 유행이라는 건 나도 안다. 나는 역사가 대체로 부정확하고 편향된 것이라는 말을 기꺼이 믿는 쪽이다. 한데 우리 시대에 와서 특이한 점은, 역사를 진실되게 쓸 수 있다는 개념 자체를 포기한다는 것이다. 과거에는 사람들이 일부러 거짓말을 하거나, 자기 글을 무의식적으로 윤색하기도 했지만, 실수를 많이 할 수밖에 없다는 걸 잘 알면서도 진실을 찾기 위해 애쓰기도 했다. 단, 어느 쪽이든 "사실"이란 게 발견하기는 좀 어려워도 분명히 존재한다는 믿음을 갖고 있었다. 그리고 실제로도 거의 모든 사람들이 동의할 수 있을 만한 사실이 늘 상당 부분 있었다. 예컨대 『브리태니카 백과사전』에서 지난 전쟁의 역사를 찾아보면 상당한 자료의 원천이 독일임을 알 수 있다. 영국과 독일의 역사학자들은 많은 문제들에 대해, 심지어 기초적인 것들에 대해서도 의견이 크게 갈리겠지만, 그래도 어느 쪽도 상대에게 문제를 제기하기 어려운, 말하자면 중립적인 사실도 상당량일 것이다. 이렇게 모두가 합의할 수 있는 공통의 기초가 있다는 것은 모든 인류가 하나의 종種이라는 의미를 내포한다. 그런데 전체주의는 바로 이런 기초를 없애려 한다. 나치의 이론은 "진실"이란 게 존재한다는 걸 명시적으로 부인하고 있다. 이를테면 "과학"이란 것도 없다. "독일 과학"이 있고 "유대인 과학"이 있을 뿐이라는 식이다. 이런 사고방식이 목표로 삼는 세상은 '지도자'가, 또는 모종의 지배 도당이 미래뿐만 아니라 과거도 통제하는 악몽 같은 세계다. '지도자'가 무슨무슨 사건은 "일어난 적 없다"고 말하면, 그 사건은 일어난 적이 없는 게 되는 것이다. 그가 둘 더하기 둘은 다섯이라고 말하면, 둘 더하기 둘은 다섯이 되는 것이다. 이런 전망은 내게 폭탄보다 훨씬 두려운 느낌으로 다가온다. 그리고 지난 몇 해 동안 우리가 겪은 일들을 떠올려 볼 때, 이런 전망은 사소하게 넘길 문제가 아니다.

하지만 전체주의적 미래에 대한 전망으로 스스로 공포에 떠는 건 유치하거나 병적인 태도가 아닐까? 전체주의적 세계를 실현될 수 없는 악몽으로 치부해 버리기 전에, 1925년에는 지금의 세상이 실현될 수 없는 악몽 같았으리란 점을 기억해 볼 필요가 있다. 검은색이 내일은 흰색이 될 수 있고 어제의 날씨가 명령에 따라 바뀔 수도 있는 조변석개하는 세상을 막는 안전장치는 사실상 두 가지밖에 없다. 하나는 우리가 진실을 아무리 부인하더라도 진실은 우리 등 뒤에 계속 살아남아 있으므로, 군사력을 깨부수는 식으로 진실을 훼손할 수 없다는 것이다. 또 하나는 지구상의 일부가 정복되지 않고 남아 있는 한, 자유주의적 전통이 명맥을 유지하리라는 것이다. 그런데 파시즘 또는 파시즘 연합체가 온 세상을 정복할 경우, 그런 두 가지 조건은 더 이상 존재하지 않게 된다. 영국에 사는 우리는 그런 위험을 과소평가하는 경향이 있다. 우리의 전통과 과거부터 계속 안전했던 경험 때문에 결국엔 모든 게 잘되며 가장 두려워하는 일은 절대 실제로 일어나지 않는다는 감상적인 믿음을 갖게 된 까닭이다. 수백 년 동안 정의는 결국 반드시 승리한다는 문학을 섭취해 온 우리는 악은 결국 언제나 절로 망한다는 본능에 가까운 신념을 가지고 있다. 악에 저항하지 말라, 아무튼 절로 망할 테니, 하는 믿음이 있는 것이다. 하지만 왜 그래야 하는가? 그렇게 된다는 증거라도 있는가? 근대 산업국가 중에 외적의 군사력에 정복당하지 않고 스스로 무너진 사례가 하나라도 있는가?

노예제가 되살아나고 있다는 점을 한번 생각해 보자. 노예제가 유럽에서 부활되리라는 상상을 20년 전에 할 수 있었던 사람이 있는가? 노예제는 우리 눈앞까지 복원된 게 사실이다. 유럽과 북아프리카 전역의 강제노동 수용소에서 폴란드인이나 러시아인, 유대인, 그리고 온갖 인종의 정치범이 도로 건설이나 습지 배수시설 현장에서 중노동을 하고 있다. 안 죽을 정도의 배급만 주며 강요하는 이 노역은 노예노동이나 다름없다. 그나마 나은 점이 있다 해 봐야 노예를 개별적으로 사고파는 건 아직 허용되지 않는다는 정도다. 그리고 다른 면에서는 (예컨대 가족의 파괴와 이별 같은 면에서는) 아메리카 면화농장보다 조건이 열악하다고 해도 좋을 것이다. 어떤 전체주의적 지배든 그것이 계속되는 한 이런 상황이 변하리라고 생각할 근거는 없다. 우리는 이런 상황이 어디까지 전개될지 충분히 이해하지 못하고 있다. 우리는 노예제를 기반으로 하는 체제는 반드시 붕괴하고 만다는 신비스러운 느낌을 갖고 있기 때문이다. 그렇다면 고대 노예 제국들의 존속기간과 근대국가의 수명을 비교해 보자. 노예제를 기반으로 하는 문명들은 자그마치 4000년이라는 세월 동안 이어졌다.

고대에 대해 생각해 볼 때 섬뜩한 점 하나는 대대로 등에다 문명을 짊어져 온 수억 명의 노예들이 어떤 기록도 남기지 않았다는 사실이다. 우리는 그들의 이름조차 모른다. 그리스와 로마의 역사를 통틀어 우리에게 알려진 노예의 이름이 얼마나 되는가? 나는 기껏해야 둘 아니면 셋을 떠올릴 수 있을 뿐이다. 하나는 스파르타쿠스고 또 하나는 에픽테투스다.* 그리고 영국 박물관 로마 전시실에 가 보면 바닥에 "펠릭스 페시트"라는 제작자 이름이 새겨진 유리 항아리가 있다. 나는 가련한 펠릭스를 상상 속에 생생히 그려 보곤 하는데(머리는 붉고 목에는 쇠고리를 찬 갈리아인으로) 그는 실은 노예가 아니었는지도 모른다. 그렇다면 내가 이름을 확실히 아는 노예는 단 둘뿐이며, 나보다 더 많이 아는 사람은 아마 드물 것이다. 그 나머지는 완전한 침묵의 영역 속에 파묻혀 있다.

---

* 스파르타쿠스(기원전 109?~71)는 로마 공화정 시대 최대의 노예 반란 전쟁을 이끌었다. 에픽테투스(55~135)는 그리스 출신의 스토아 철학자로 노예 여성의 아들로 태어나 노예로 살다 해방되었다.

서평[*]: 아돌프 히틀러의 『나의 투쟁』 (무삭제 번역본)

Review of Adolf Hitler's "Mein Kampf"

허스트 앤 블래킷 출판사에서 불과 1년 전에 펴낸 『나의 투쟁』 무삭제판이 히틀러를 지지하는 입장에서 편집되었다는 사실을 보면 사태가 진행되는 속도를 가늠할 수 있다. 번역자의 서문과 각주에 담긴 명백한 의도는 내용의 흉포함을 완화하여 그를 조금이라도 더 다정한 사람으로 보여 주자는 것이다. 왜냐하면 그때까지만 해도 히틀러가 썩 괜찮아 보였기 때문이다. 그는 독일의 노동운동을 제압했고, 그 때문에 유산계급 사람들은 그에 대한 거의 모든 것을 기꺼이 용인하려 했다. 좌파와 우파는 국가사회주의란 것이 보수주의 한 형태에 불과하다는 아주 얕은 인식을 공유하고 있었다.

그러다 갑자기 히틀러는 결국 전혀 괜찮은 인물이 아니라

---

[*] 1940년 3월 《뉴 잉글리시 위클리》에 게재.

는 게 드러났다. 그리고 그 한 여파로서 허스트 앤 블래킷 출판사는 책을 새로 내면서 그 수익금을 전부 적십자에 기부하겠다는 설명을 단 새 표지를 입혔다. 그럼에도 불구하고 『나의 투쟁』의 내용 자체가 입증하듯이, 히틀러의 의도와 견해에 어떤 실질적인 변화가 있었다고 보기는 어렵다. 1년여 전에 그가 한 발언과 그보다 15년 전에 했던 것들을 비교해 볼 때 확연히 알 수 있는 점 하나는 그의 생각이 전혀 변하지 않았으며 그의 세계관이 전혀 발전하지 않았다는 사실이다. 그것은 한 편집광의 고착된 관점으로, 국제 정세가 변한다고 해서 바뀌기 어려운 시각이다. 아마도 히틀러의 입장에서 러시아와 독일이 맺은 협정은 시간 계획표를 잠시 변경했다는 의미에 그치는 일이었을 터이다. 『나의 투쟁』에 담긴 계획은 러시아를 먼저 쳐부수고 영국은 그 다음에 처치한다는 암시를 보인다. 이제 현실에서 영국을 먼저 쳐부숴야 하는 상황이 됐는데, 둘 중 러시아가 더 매수하기 쉬운 상대였기 때문이다. 하지만 영국을 해결하고 나면 러시아의 차례가 오기 마련이며, 이야말로 히틀러가 노리는 바임이 분명하다. 실제로 그렇게 될 것인지는 물론 다른 문제이다.

히틀러의 계획이 실현된다고 가정해 보자. 그가 구상하는 세상은 앞으로 100년 동안 2억5000만 독일인들이 방대한 "생활권"(아프가니스칸 부근까지 미치는 영역)을 계속해서 유지하는 상태이다. 이 끔찍하고 무뇌아 같은 제국에서는 청년들에게 군사훈련을 시키고 끊임없이 총알받이로 기르는 것 말고는 아무 일도 일어나지 않는다. 이런 괴물 같은 비전을 그는 어떻게 납득시킬 수 있었을까? 그가 경력의 한 단계에서 산업자본가들의 자금 지원을 받았던 덕분이라고 쉽게 얘기를 할 수 있을 것이다. 그들이 히틀러를 사회주의자와 공산주의자를 처단할 수 있는 인물로 여겨서 지원해 줬다는 것인데, 하지만 히틀러가 설득력을 발휘해서 이미 거대한 움직임을 만들어 낸 마당이 아니었더라면 그들은 지원하지 않을 것이다. 또 실업자가 700만 명인 당시 독일의 상황이 선동가들에게 확실히 유리했던 것은 사실이다. 하지만 히틀러의 개성이 갖는 매력이 없었더라면 그는 경쟁자들을 물리치지 못했을 것이다. 이 매력은 『나의 투쟁』의 서투른 글에서도 느낄 수 있지만, 그의 연설을 들어 보면 엄청난 힘으로 다가온다. 고백하건대 나는 히틀러를 혐오하려 해도 그럴 수 없었다. 그가 권력을 차지한 뒤부터는—그전까지만 해도 다른 사람들과 마찬가지로 그가 별문제가 아니라고 생각하도록 기만당했었다—곁에 다가갈 수 있다면 분명히 그를 죽여 버릴 것이라고 생각했지만, 그렇다고 개인적인 적대감은 느낄 수 없었다. 무슨 이야기인가 하면,

그에게 대단히 매력적인 무언가가 있다는 건 분명한 사실이라는 것이다. 그의 사진들을 봐도 그런 점을 느낄 수 있다. 특히 나는 이번 책 서두 부분에 나오는 사진을 추천하는데, 히틀러의 갈색셔츠단 초기 시절의 모습을 담은 사진이다. 연민을 불러일으키면서 충직해 보이는, 말할 수 없는 불의를 당하고 있는 남자의 얼굴이다. 이 얼굴은 십자가 처형을 당하는 그리스도를 표현한 무수히 많은 그림들을 보다 남성적으로 재현했다는 인상을 주며, 의심의 여지 없이 히틀러 스스로 자신을 그렇게 여겼음이 틀림없다. 세상에 그토록 반감을 갖게 된 최초의 개인적 동기는 추측의 영역일 뿐이지만, 아무튼 거기에는 깊은 반감이 드러나 있다. 그는 순교자이자 희생자이며 바위에 묶여 있는 프로메테우스다. 불가능한 승산에서도 홀로 싸우는 자기희생적 영웅이다. 그는 생쥐를 죽이면서 그걸 어떻게 용처럼 보이게 할지를 하는 사람이다. 그는 나폴레옹과 마찬가지로 운명에 맞서 싸운다는, 이길 수 없는 싸움을 하지만 이길 자격이 있는 사람이라는 느낌을 준다. 그런 모습이 주는 매력은 당연히 엄청난데, 우리가 보는 영화의 절반이 그런 주제를 담고 있다는 걸 떠올려 보라.

그는 또 삶에 대한 쾌락주의적 태도의 허위성을 포착했다. 지난 전쟁 이후 서구의 사상 거의 모두가, '진보' 사상은 아예 전부가, 인간이 바라는 건 안락, 안전, 무통無痛 이상의 것이 아니라는 가설을 은연중에 받아들였다. 그런 인생관을 가지면 예를 들어 애국주의나 군국주의가 들어설 자리가 없다. 사회주의자들은 자녀가 장난감 병정을 가지고 놀면 대개 언짢아하지만 장난감 병정을 대체할 수 있는 게 무엇일지에 대해서는 생각하지 못한다(아무튼 장난감 평화주의자는 아닐 것이다). 히틀러가 자신의 음울한 기질로 강렬히 포착해 낸 바는 다르다. 그는 인간이 안락, 안전, 짧은 노동시간, 위생, 산아제한, 그리고 포괄해서 말하자면 상식만을 원하는 게 아니라 적어도 이따금은 북, 깃발, 충성 행진은 물론이고 투쟁과 자기희생을 원하기도 한다는 걸 안다. 경제이론으로서는 어떠한지 몰라도, 파시즘과 나치즘은 심리적으로는 그 어떤 쾌락주의 인생관보다 더 타당하다. 스탈린이 추구하는 군국주의적 사회주의도 마찬가지다. 이 대단한 세 독재자[히틀러, 스탈린, 무솔리니]는 자국민들에게 감당하기 힘든 부담을 가함으로써 세력을 더 키웠다. 사회주의가 (심지어 자본주의도 마지못해서) 국민들에게 "좋은 시간을 제공하겠다"고 말한 것과 달리 히틀러는 "투쟁과 위험과 죽음"을 제공하겠다고 했으나 온 나라가 그에게 헌신했다. 아마 그들은 나중에는 지난 전쟁 말미에 그랬던 것처럼 진저리를 치며 마음을 바꿀 것이다. 몇 년 동안 학살과 기근을 거친 뒤에는 "최대 다수의 최대 행복"이 좋은 슬로건일 테지만, 지금 더 인기 있는 슬로건은 "끝이 없는 공포보다는 공포 있는 끝이 낫다"이다. 우리는 지금 이 말을 만들어 낸 자와 싸우고 있으므로 이 말의 감성적 호소력을 과소평가해서는 안 된다.

파시즘을 예언하다[*]
Prophecies of Fascism

잭 런던의 『강철군화』가 재발간됨으로써 파시스트 세력의 도발이 한창인 몇 해 동안 많이들 찾던 책을 일반인도 접할 수 있게 되었다. 잭 런던의 다른 작품들처럼 독일에서 널리 읽힌 이 책은 히틀러의 도래를 정확히 예측했다는 명성을 얻은 바 있다. 그런데 사실은 그렇지가 않다. 이 책은 자본주의의 억압을 다룬 이야기일 뿐이며, 파시즘을 가능하게 만든 여러 여건들—이를테면 민족주의의 도도한 부활—을 예측하기 쉽지 않던 때에 씌어졌다.

반면에 런던이 정말 비상한 통찰을 보여 준 부분은 사회주의로의 전환이 저절로 또는 쉽게 이루어지지 않음을 깨달았다는 데 있다. 자본가 계급은 계절이 다해 꽃이 죽어가듯 "자기 모순 때문에 소멸하지" 않을 거라고 본 것이다. 아울러 자본

[*] 1940년 7월 《트리뷴》에 게재.

가 계급은 무슨 일이 벌어지고 있는지를 알고 의견 차이를 접어 둔 채 노동자 계급에 역공을 가할 만큼 꽤 영리하며, 그로 인한 갈등은 역사상 유래가 없으리만큼 잔인하고 무도하리라고 내다본 것이다.

『강철군화』는 또 하나의 창의적인 미래 소설과 비교해 볼 만하다. 바로 조금 더 일찍 쓰였으며 『강철군화』가 빚진 부분이 있는 H. G. 웰스의 『잠든 자 깨어나니』라는 작품이다. 이 두 작품을 비교해 보면 런던의 한계를 알 수 있지만 런던이 웰스처럼 아주 교양 있는 인간이 아니어서 가질 수 있었던 이점도 알 수 있다. 『강철군화』는 작품으로서는 상대적으로 매우 열등하다. 문체도 투박하고, 과학의 미래상을 파악한 부분도 없고, 주인공은 사회주의 선전물 지면에서도 사라져가는 일종의 인간 축음기이다. 하지만 런던은 특유의 야성적 기질 때문에 웰스로서는 알아보기 힘든 무언가를, 쾌락주의적 사회가 견디기 힘든 그 어떤 것을 포착할 수 있었다.

『잠든 자 깨어나니』를 읽어 본 사람이라면 누구나 알 것이다. 이 책은 계급 차별이 굳어져 있고 노동자들은 언제까지나 노예로 남아 있는, 현란하면서 사악한 세상이라는 전망을 보여 준다. 이 세계에서 사회는 목적을 상실했으며, 노동자들의 피땀으로 살아가는 상류계급은 너무나 유약하고 냉소적이며 신념이라곤 없다. 삶의 목적 같은 것은 없으며, 혁명이나 종교 순교자가 가진 열정 비슷한 무언가도 없다.

올더스 헉슬리의 『멋진 신세계』는 전쟁 이후에 웰스의 유토피아를 패러디한 작품으로, 이 책에서는 그러한 경향이 엄청나게 매우 과장되어 있다. 여기서는 쾌락주의적 신조를 극단적으로 추구하여 온 세상이 리비에라 호텔*이 되어 버렸다. 하지만 『멋진 신세계』는 1930년 당대를 기발하게 희화화하긴 했어도 미래에 대한 통찰은 없다고 할 것이다. 그런 종류의 사회는 두어 세대도 지속하지 못할 터인데, '좋은 시절'을 기준으로 생각하는 지배계급은 활력을 금세 잃어버릴 것이기 때문이다. 지배계급은 엄격한 도덕성을, 스스로에 대해 종교에 가까운 믿음을, 신비로움을 갖추어야 한다. 런던은 이 점을 알고 있었고, 세상을 700년 동안 지배하는 부유층을 무자비한 괴물로 묘사하면서도 게으름뱅이나 호색가로 그리지는 않는다. 지배계급은 문명이 그들 자신에게 달려 있다고 진심으로 믿어야만 지위를 유지할 수 있으며, 그렇기 때문에 자신들을 대적하는 혁명가들과 다른 방향이긴 해도 그에 못지않게 용감하고 유능하고 헌신적이다.

* Riviera Hotel. 1930년대 후반 영국의 해변 휴양지인 웨이머스에 지어진 고급 호텔.

지적인 차원에서 런던은 마르크스주의의 판단을 받아들였으며, 그에 따라 자본가 계급이 하나의 기업체로 조직된다고 하더라도 자본주의의 '모순'이나 소비되지 않는 과잉 생산물 문제 같은 것들이 지속될 것이라 보았다. 그러나 기질적으로 보자면 그는 대다수 마르크스주의자와는 완전히 달랐다. 폭력과 물리적 힘을 흠모하고, '타고난 귀족'이 있음을 믿고, 동물성을 숭배하고, 원시성을 칭송하는 그는 파시스트 기질이라 해도 좋을 속성을 가진 사람이다. 그리고 그런 기질 덕분에, 지배계급이 심각한 위협을 느낄 때 과연 어떤 식으로 행동할지를 더 잘 이해할 수 있었는지도 모른다.

마르크스주의적 사회주의자들이 대개 부족함을 보이는 게 바로 이 지점이다. 그들의 역사 해석은 너무나 기계적이어서, 마르크스라는 이름을 들어 보지도 못한 사람들이 보기엔 명백한 위험을 정작 그들은 예측하지 못했다. 파시즘의 발흥을 예견하지 못했다며 마르크스를 책망하는 경우가 종종 있다. 나로서는 그가 파시즘을 예측했는지 못 했는지 알 길이 없지만—그 시절의 그로서는 예견을 했다 해도 아주 막연한 표현 수준이었을 것이다—그의 추종자들은 강제수용소 정문 앞에 설 때까지 파시즘의 위험을 알아보지 못했던 게 분명하다. 히틀러가 집권하고서 한두 해가 지난 다음에도 정통 마르크스주의자들은 여전히 히틀러는 문제가 아니고 "사회적 파시즘"이—즉 민주주의가—진짜 적이라고 선언했다. 런던이라면 아마 그런 실수는 범하지 않았을 것이다. 그의 본능이 히틀러는 위험한 자라고 경고했을 것이다. 그는 경제 법칙이 중력의 법칙과 똑같은 방식으로 작동하지 않는다는 걸, 히틀러처럼 자신의 운명을 믿는 사람들에 의해 오랫동안 지연될 수 있다는 걸 알았다.

『강철군화』와『잠든 자 깨어나니』는 공히 민중의 입장에서 쓴 작품이다.『멋진 신세계』의 경우 쾌락주의에 대한 공격이 우선이긴 해도 전체주의와 계급제도에 대한 공격도 제법 있다. 이들 작품과 상대적으로 덜 알려진 유토피아 작품 하나를 비교해 보면 흥미로울 것이다. 상류층보다는 중산층의 관점에서 계급투쟁을 다룬 어니스트 브라마의『동맹의 비밀The Secret of the League』[*] 말이다.

『동맹의 비밀』은 1907년 작품으로 이 무렵은 위험이 위가 아니라 아래로부터 닥칠 거라고 착각한 중산층이 노동운동의 확산에 두려움을 느끼기 시작하던 때였다. 정치적인 예지력 차원에서 보자면 중요성이 떨어지지만, 한편으로 이 작품은 번민하는 중산층의 사고방식을 잘 조명했다는 점에서 매우 흥미롭다.

[*] 본래 제목은『이랬을 수도 있다What Might Have Been』이며,『1984』에 영향을 준 것으로 오웰이 인정한 작품이다.

작가는 노동당이 압도적인 다수당이 되어 집권하는 설정 아래 이들을 몰아내는 것은 불가능하다고 가정한다. 그런데 집권 노동당은 전면적인 사회주의 경제를 도입하지 않는다. 그들은 자신들을 위해 자본주의의 작동을 지속시키는데, 임금을 계속해서 올리거나 공무원을 엄청나게 늘리거나 부유층을 세금으로 말살시키는 방법을 쓴다. 그리하여 나라는 그야말로 "개판이 될" 뿐만 아니라 대외정치에서 노동당은 1931년부터 1939년까지 존속한 영국 거국내각과 꽤 비슷한 행보를 보인다. 여기에 반하여 중산층과 상류층이 은밀한 모의를 시작한다. 그런데 이 반란의 방식이 상당히 기발하니, 소비자 불매운동 같은 방식을 쓴다는 것이다. 상류층은 2년이 넘도록 은밀하게 석유를 비축하고서 석탄 태우는 공장을 석유 기반으로 전환한다. 그러면서 한순간에 영국 산업의 근간인 석탄 산업 불매운동을 벌인다. 광부들은 2년 동안 석탄이 팔리지 않는 상황에 직면하게 된다. 실업과 빈곤이 만연하더니 결국 내란이 일어나고, 여기서 상류층은 외세의 지원을 받는다(프랑코 장군보다 30년 앞서서 말이다!). 승리한 상류층은 노조를 없애 버리고 의회 없는 "강력한" 체제, 달리 말해 우리가 지금 파시스트 체제라고 칭하는 체제를 수립한다. 이 작품의 어조는 당대의 상황이 그럴 여유가 있었던 만큼 온화하지만, 사고思考의 경향은 오해의 여지 없이 확실하다.

왜 어니스트 브라마 같은 점잖고 순한 작가가 프롤레타리아가 짓밟히는 모습을 즐겁게 상상하는가? 간단히 말하자면, 자신들의 경제적 지위보다는 행동방식이나 생활양식이 더 위협받는다고 느끼며 이를 막으려 애를 쓰는 계급의 반작용이라고 하겠다. 노동계급에 적나라한 사회적 적대감을 보였던 사례는 브라마보다 훨씬 급이 높은 작가였으며 앞선 시대를 살았던 조지 기싱에게서도 볼 수 있다. 중산층이 세월과 히틀러에게 배운 바가 많은 만큼, 그들이 설마 또 자신들의 마땅한 동맹을 적으로 삼고 자신의 압제자를 편드는 누를 범하지는 않을 것이다. 그렇지만 그들이 또 그렇게 할지 말지에는 그들을 대하는 태도가 어느 정도 영향을 끼칠 것이며, 사회주의자들이 끊임없이 "프티 부르주아"란 말로 도발하는 어리석은 선전에도 상당한 책임이 있다.

자유와 행복*

Freedom and Happiness

몇 해 전에 그 존재를 알게 된 이후 드디어 자먀찐의 『우리』 한 권을 입수했다. 책을 불태우는 이 시대에 주목할 만한 문제작 중 하나인 이 작품을 글렙 스트루브**의 『소비에트 러시아 문학 25년사』에서 찾아 보니 그 역사가 다음과 같다.

자먀찐은 1937년 파리에서 사망한 러시아 소설가이자 비평가로 러시아 혁명 전후에 다수의 책을 출간한 바 있다. 『우리』는 1923년경에 쓴 작품인데, 러시아를 다루지 않았고 당대의 정치와 직접적으로 아무런 연관이 없음에도(26세기를 배경으로 하는 공상물이다) 이념적으로 바람직하지 않다는 이유로 출간이 거부되었다. 원고의 사본 하나가 국외로 빠져나가 영어, 프랑

---

* 1946년 1월 《트리뷴》에 게재. 예브게니 자먀찐Yevgeny Zamyatin의 소설 『우리We』에 대한 서평으로 본래 제목이 없었으나 통상적으로 사용하는 제목을 가져다 쓴다.
** Gleb Struve(1898-1985). 러시아 출신으로 영국과 미국에서 활동했던 문학사가.

스어, 체코어 번역본이 발간되었으나 러시아어로 출판되지는 못했다. 영어 번역본은 미국에서 출간되었는데 나로서는 구해볼 방법이 없었으나, 프랑스어로 나온 책들이 있어서 결국 한 권을 빌리는 데 성공했다. 내가 보기에는 이 책이 일류는 아니어도 비상한 작품임이 틀림없는데 다시 펴낼 만큼 과감한 영국 출판사들이 없었다는 게 놀라울 따름이다.

『우리』에 대해 누구라도 가장 먼저 주목할 점은—아직 아무도 언급한 바가 없는 것으로 안다만—올더스 헉슬리의 『멋진 신세계』가 분명히 일부를 여기서 가져왔다는 사실이다. 두 작품은 효율화되고 기계화되고 고통이 없는 세계에 대항하는 원초적인 인간 정신의 반란을 다루고 있으며, 약 600년 뒤를 배경으로 한다는 점에서 동일하다. 아울러 두 작품의 분위기도 비슷하며, 묘사하는 사회도 거의 같은 종류라고 할 수 있다. 차이가 있다면 헉슬리의 작품이 정치성이 덜한 반면 최신 생물학 이론이나 심리학 이론의 영향을 더 많이 받았다는 점이다.

자먀찐이 그린 26세기 유토피아의 거주민들은 개인성을 완전히 상실해서 숫자로만 불릴 정도다. 그들은 투명한 유리로 만들어진 집에 사는데(이 작품은 텔레비전이 발명되기 전에 쓰였다) 그래서 "후견관Guardians"이라 불리는 경찰이 더 쉽게 감독하는 게 가능하다. 그들은 모두 똑같은 유니폼을 입고 있으며, 사람을 지칭할 때 대개 "숫자" 아니면 "유니프"(유니폼의 줄임말)를 쓴다. 그들의 주식은 합성식품이며, 오락으로 흔히 하는 활동은 '단일국Single State'의 국가國歌가 확성기에서 울려 퍼지는 동안 네 명이 줄지어 횡진하는 것이다. 유리 아파트의 커튼은 정해진 주기마다 한 시간 동안 내릴 수 있으며, 이때를 "섹스 시간"이라고 한다. 물론 결혼 같은 건 없는데, 딱히 난잡한 성생활을 하는 건 아님에도 그렇다. 짝짓기를 하려고 하면 누구나 유흥용 배급수첩 같은 걸 이용할 수 있으며, 할당된 섹스 시간을 함께할 파트너가 배급표의 부본副本에다 사인을 해 준다. 단일국의 지배자는 '은혜로운 분Benefactor'이라고 불리는 사람으로 매년 있는 전국민 선거에서 재선되며 결과는 언제나 만장일치이다. 단일국의 지도 원리는 행복과 자유가 공존할 수 없다는 것이다. 에덴 동산에서 인간은 행복했지만 어리석게도 자유를 요구하다가 황무지로 추방되었다. 그래서 단일국은 인간의 자유를 박탈함으로써 행복을 되찾은 것이다.

여기까지가 『멋진 신세계』와 뚜렷하게 닮은 점들이다. 하지만 자먀찐의 작품은 구성이 상대적으로 못하기는 해도—구성이 다소 약하고 산발적이어서 요약하기 어렵다—『멋진 신세계』에는 부족한 정치적 본질을 담고 있다. 헉슬리의 책에서 '인간 본성'의 문제는 해결이 되었다고 할 수 있는데, 출산 전

처치와 약물과 최면암시를 통해서 인간을 어느 정도 원하는 대로 특화할 수 있다고 가정하기 때문이다. 1등급인 과학 노동자도 5등급인 반(半)저지능자 못지않게 쉽게 만들어 낼 수 있으며, 어느 쪽이든 자유에 대한 갈망이나 모성애 같은 원초적 본능의 흔적을 쉽게 제거할 수 있다. 동시에 왜 사회가 묘사된 바와 같이 정교하게 계층화되어야 하는지에 대한 이유도 분명히 제시되지 않는다. 원하는 게 경제적 착취인 것도 아니고, 인간을 괴롭히고 지배하려는 욕망이 주요 동기인 것 같지도 않다. 권력에 대한 갈망도, 사디즘도, 이렇다 할 비정함도 없다. 꼭대기에 있는 사람들에겐 꼭대기에 머무르려는 강력한 동기가 없으며 모두가 공허하게 행복하지만 삶이 너무나 무의미해져서 그런 사회가 존속되리라고 수긍하기 어렵다.

자먀찐의 소설은 대체로 지금 우리의 상황에 더 잘 들어맞는다. 교육이 있고 '후견관'의 감시가 있음에도 오래된 인간 본능의 상당 부분이 남아 있다. 소설의 화자인 D-503은 재능 있는 엔지니어이긴 하지만 유토피아의 '빌리 브라운'[*] 같은 사람으로, 자신을 사로잡는 격세유전적 충동 때문에 끊임없이 공포를 느낀다. 그는 I-330이라는 여성과 사랑에 빠지는데(물론 이

---

[*] 제2차 세계대전 당시 런던 교통국의 교통안전 포스트에 등장하는 만화 캐릭터. 매사에 조심하는 런던 신사의 모습이다.

는 범죄이다) 그녀는 지하 저항운동 세력의 일원이며 한동안 그를 반란에 가담하도록 이끄는 데 성공한다. 반란이 시작되고 보니 '은혜로운 분'의 적은 생각보다 수가 꽤 많은 듯하며, 이들은 국가 전복을 도모하는 일과는 별도로 커튼이 내려질 때 담배를 피우거나 술을 마시는 비행에 탐닉하기까지 한다. D-503은 자신의 어리석은 행동이 낳은 결과로부터 결국엔 구제를 받는다. 당국에선 최근에 일어난 무질서의 원인을 발견했다고 선포하는데, 상상력이라는 질병으로 고통받는 사람들이 있다는 내용이다. 이제 상상력을 관장하는 신경 중추의 위치를 파악해서 엑스레이 처치로 제거할 수 있게 된다. D-503은 수술을 받고서 그가 전부터 마땅히 해야 할 일로 여긴 것, 즉 동지들을 경찰에 밀고하는 행위를 쉽사리 하게 된다. 그는 I-330이 유리 종에서 나오는 압축공기로 고문당하는 모습을 아주 평온한 태도로 지켜본다.

그녀는 양손으로 의자 팔걸이를 움켜쥐며 나를 응시하다가 완전히 눈을 감았다. 그들은 그녀를 데리고 나가 전기충격으로 다시 깨우더니 유리 종 아래로 다시 데려왔다. 이 작업은 세 번 반복되었고, 그녀는 한 마디 말도 내뱉지 않았다.

그녀와 함께 끌려온 사람들은 자기 자신에게 보다 정직했다. 한 번의 처치에 자백한 이들이 많았던 것이다. 내일이면 그들 모두 '은혜로운 분'의 기계로 보내질 것이다.

'은혜로운 분'의 기계는 단두대를 말한다. 자먀찐의 유토피아에서는 처형 사례가 많다. 처형은 '은혜로운 분'이 참석한 곳에서 공개적으로 거행되며, 관제官制 시인들이 낭송하는 승리의 시가 함께한다. 단두대는 물론 그 옛날의 조잡한 기구가 아니고 말 그대로 대상자를 소멸시켜 버리는 훨씬 향상된 모델이다. 대상자는 일순간에 한 줄기 연기와 깨끗한 물로 변해 버린다. 이 처형은 사실상 인신공양人身供養이며, 묘사 장면은 의도적으로 고대 세계 노예 문명의 사악한 색채를 띤다. 전체주의의 비이성적인 면모—인신공양, 그 자체가 목적인 잔인함, 성스러운 속성이 있다고 여겨지는 영도자에 대한 숭배—에 대한 이러한 직관적 통찰이야말로 자먀찐의 작품이 헉슬리의 것보다 뛰어남을 보여 준다고 하겠다.

이 책의 출간이 거부된 이유는 쉽게 알 수 있다. D-503과 I-330이 나누는 다음 대화는—살짝 줄였다—[검열용] 파랑 연필을 움직이게 하기에 충분했으리라.

"당신이 말하는 게 혁명이라는 걸 알기나 해?"

"물론이지. 혁명이야. 그럼 안 돼?"

"혁명이란 건 있을 '수'가 없으니까. '우리' 혁명이 마지막이니까 다른 건 있을 수가 없어. 누구나 다 아는 얘기야."

"세상에, 당신은 수학자야. 말해 봐. 마지막 숫자가 뭐지?"

"무슨 뜻이야? 마지막 숫자라니?"

"좋아, 그럼 제일 큰 숫자를 말해 봐!"

"말도 안 돼. 숫자는 무한한 거야. 마지막이란 있을 수 없어."

"그럼 왜 당신은 마지막 혁명이라고 말하는 거지?"

비슷한 구절들이 더 있다. 하지만 자먀찐에게 소비에트 체제를 구체적인 풍자 대상으로 삼을 의도가 있었다고 보기는 어려울 것 같다. 레닌의 사망 시점에 작품을 쓴 그가 스탈린의 독재를 염두에 뒀을 리는 없으며, 1923년의 러시아는 삶이 너무 안전하고 편안하다는 이유로 체제를 전복하려는 사람이 있을 만한 상황이 아니었다. 자먀찐이 겨냥한 대상은 특정 국가가 아니라 산업문명이 암묵적으로 추구하는 목표였을 듯싶다. 나는 그의 다른 작품을 읽어 보지 않았지만 글렙 스트루브를 통해 그가 영국에서 몇 년간 살았고 영국인의 삶에 대해 상당히 통렬한 풍자들을 썼음을 알게 되었다. 『우리』를 보면 그가 원시주의primitivism*에 강하게 끌렸음을 명백히 알 수 있다. [러시아 혁명 이전] 1906년 짜르 정부에 의해 투옥되었다가 1922년에는 볼셰비키에 의해 같은 감옥 같은 복도 방에 투옥되었던 그는 자신이 겪었던 정치 체제를 혐오할 만했지만 그의 작품은 분노의 표출에 그치지 않는다. 이 작품은 실은 '기계'에 대한 고찰이며, 여기서 기계란 인류가 생각 없이 병에서 불러냈지만 도로 가둘 수 없는 '지니'를 말한다. 영어판이 나오면 소장해야 할 작품이다.

---

* 근대문명 이전의 소박하고 자연적인 삶을 사는 것을 최선으로 여기는 사조.

리뷰[*]: 해들리 캔트릴의 「화성 침공」

Review of "The Invasion from Mars" by Hadley Cantril

약 2년 전에 오손 웰즈 씨가 뉴욕의 CBS에서 H. G. 웰스의 공상소설 『우주전쟁』을 극화한 라디오 극을 방송한 바 있다. 이 방송은 일부러 속일 의도는 없었으나 매우 놀랍고도 예기치 못한 결과를 낳았다. 수많은 사람이 라디오 극을 실제 뉴스 방송으로 착각했고, 화성인들이 미국을 침공하여 100피트 높이의 철제 다리로 성큼성큼 교외 지역을 진격하며 뜨거운 광선으로 사람들을 다 죽이고 있는 줄로 몇 시간 동안 진짜 믿었다. 청취자들 중 일부는 공포에 질린 나머지 차를 타고 달아나 버렸다. 정확한 숫자야 물론 알 수 없지만 이 조사보고서(프린스턴 대학교의 한 연구부서의 작업이다)의 작성자들은 약 600만 명이 이 방송을 들었고 100만 명 이상이 어느 정도 공포에 사로잡혔다고 추정한다.

[*] 1940년 10월 《뉴 스테이츠먼 앤 네이션》 게재. 프린스턴 대학교의 해들리 캔트릴 교수가 작성한 「화성 침공」이라는 제목의 보고서에 대한 리뷰이다.

당시에 이 사건은 전 세계에 큰 재미를 안겨주었고, '저 미국인이란 사람들'은 쉽게 믿는다는 얘기들을 많이 했다. 그러나 해외에 알려진 얘기들은 사실에서 다소 벗어난다. 전체가 공개된 오손 웰즈의 방송 대본에 나와 있듯이, 방송 처음의 안내와 말미의 대화 약간을 빼면 극 전체가 뉴스 보도의 형식이었으며, 진짜 뉴스처럼 방송국 이름까지 얘기하고 있다. 이는 이런 유형의 극을 연출하는 방법으로서 충분히 자연스럽지만, 극이 이미 시작된 다음 어쩌다 라디오를 켠 많은 사람들이 실제 뉴스 방송을 듣고 있다고 생각하는 것도 자연스러운 일이다. 그러니까 여기에는 두 가지 별개의 믿음이 작용하고 있었다. 하나는 이 극이 뉴스 방송이라는 것이고, 또 하나는 뉴스 방송은 진실로 받아들여야 한다는 것이었다. 이 조사에서 흥미로운 부분이 바로 여기에 있다.

미국에서 라디오는 뉴스의 주요 수단이다. 방송국 숫자도 아주 많고 거의 모든 가정이 라디오를 보유하고 있다. 저자들의 말에 따르면 놀랍게도 신문을 구독하는 것보다 라디오를 보유하는 게 더 일반적이라고 한다. 그러므로 같은 일이 영국에서 일어났다고 가정할 경우, 석간신문 1면에 화성인의 침공 소식이 보도된 것이나 마찬가지로 보아야 한다. 그러면 의심할 바 없이 엄청난 동요가 일어날 것이다. 신문이 좀처럼 사실을 보도하지 않는다고 알고들 있지만, 일정 범위를 벗어나는 거짓을 보도할 수는 없다고도 알고 있다. 그리고 화성에서 온 비행체가 착륙했다는 소식이 신문 헤드라인에 대문짝만 하게 난 걸 본다면 누구라도 사실이라고 믿게 될 것이다. 적어도 진짜인지 잠깐 검증이라도 하는 데 드는 몇 분 동안이라도 말이다.

그런데 정말 놀라운 점은 이것이다. 청취자들 가운데 어떤 식이라도 확인을 하려 한 사람들이 너무 적었다. 보고서 작성자들은 방송을 뉴스 보도로 착각한 사람 250명의 반응을 자세히 전달한다. 그들 중 3분의 1 이상은 어떤 종류의 검증도 시도하지 않았다. 듣자마자 세상의 종말이 다가온다고 무비판적으로 받아들였던 것이다. 실은 독일이나 일본의 침공이라고 여긴 사람이 몇 있긴 했어도 대부분은 화성인 소행으로 믿었다. 이들 중에는 이웃한테서 '침공' 얘기를 들었을 뿐인 사람도 있었고, 애초부터 극인 줄 알고서 방송을 들은 사람도 몇 있었다. 다음은 그들이 한 말을 좀 추려 본 것이다.

목사님 사모를 뵈러 갔는데 애 하나가 오더니 "무슨 별이 떨어졌어요"라고 했죠. 라디오를 켰어요. 세상이 끝나는 거 같았죠. (…) 동네사람들한테 달려가서 외쳤죠. 세상이 끝나간다고.

남편한테 전화해서 말했죠. "댄, 옷부터 차려입는 게 어때? 작업복 차림으로 죽을 순 없잖아."

남편이 메리를 데리고 주방으로 가더니 말하더군요. 하나님이 우리를 이 땅에 두심은 그의 존귀와 영예를 위함이니 우리가 갈 때를 정하심도 하나님의 뜻일지라. 아버지는 계속해서 "하나님이시여 저희를 구해 주소서"라고 외쳤고요.

아이스박스를 열어 보니 일요일 점심 때 남겨 둔 치킨이 좀 있더군요. (…) 조카한테 말했어요. "이 치킨 우리가 먹는 게 낫겠다. 아침이면 우리가 여기 없을 테니까."

저는 전 인류가 망하길 몹시 기대하고 있었어요. (…) 파시스트가 세상을 지배하게 되면 살아갈 이유가 없을 테니까요.

보고서가 공포의 실체를 단번에 설명해 주는 해석을 내놓고 있는 건 아니다. 입증하는 바가 있다면 가장 쉽게 영향받은 이들은 가난하거나, 제대로 못 배웠거나, 특히 경제적으로 취약하거나, 개인적 불행을 겪는 사람들이었다는 사실이다. 개인적인 불행과 믿기 어려운 걸 쉽게 믿는 경향 사이에 명백한 관련이 있다는 점이 가장 흥미로운 발견이다. 설문에 "세상이 너무 엉망이어서 무슨 일이든 일어날 수 있다"라거나 "모두 다 죽게 된다면 괜찮다 싶었다"라고 답하는 사례가 놀라울 정도로 일반적이었다. 10년 동안 일자리가 없거나 파산 직전인 사람이라면 문명의 종말이 다가온다는 소식을 듣고 안도감을 느낄지도 모른다. 나라 전체가 어떤 구원자의 품에 모든 걸 내맡기려 한 것도 비슷한 심리일 것이다. 이 책은 세계적 불황의 역사에 대한 하나의 주석이며, 미국 심리학자의 끔찍한 전문가 말투로 쓴 글이지만 아주 흥미로운 읽을거리다.

언어의 타락*
Corruption of Language

정치적인 글이 나쁘다는 건 우리 시대에 대체로 잘 들어맞는 사실이다. 사실이 아닌 경우란 글 쓰는 사람이 "당파적 노선"이 아니라 개인의 의견을 표현하는 일종의 반골인 경우에나 볼 수 있는 일이다. 정설定說이란 그 색깔이 무엇이건 간에 생기 없고 모방적인 스타일을 요구하는 듯하다. 팸플릿이나 영향력 있는 논설, 성명, 백서, 정무차관의 연설에서 발견되는 정치적 표현법은 정당마다 다르지만, 참신하고 활력 있고 직접 만든 표현을 찾아보기가 거의 불가능하다는 점에서는 똑같다. 연단에서 친숙한 표현만을('흉포한 잔학행위', '철석같은 결의', '피로 얼룩진 압제', '자유 세계의 민족들', '어깨를 나란히 하다') 기계적

---

* 1946년 4월 《호라이즌》에 게재. 에세이 「정치와 영어Politics and the English Language」의 일부이며 제목은 역자가 붙인 것이다. 한겨레출판에서 나온 『나는 왜 쓰는가』에 실린 동일 역자의 번역문으로, 출판사의 양해를 얻어 싣는다.

으로 반복하는 지친 하수인을 보노라면 살아 있는 사람이 아니라 마네킹이라도 보는 듯한 묘한 느낌이 든다. 이런 느낌은 연사의 안경에 조명이 반사되어 안경이 눈을 가리는 검은 원반처럼 보이는 순간이면 더 강해진다. 이는 완전히 공상적인 얘기가 아니다. 그런 식의 표현을 사용하는 연사는 실제로 자신을 어느 정도 기계로 개조해 버린 것이다. 목구멍에서 그럴듯한 소리가 나오기는 하지만, 그가 스스로 단어를 선택할 때처럼 뇌가 관여한 것은 아니다. 연설을 거듭 되풀이해서 익숙해진 나머지 그는 자신이 무슨 말을 하는지 거의 의식하지 못할 수도 있다. 교회에서 응창應唱 성가를 하듯 말이다. 이렇게 의식이 축소된 상태는 정치적 단합을 위해 필수 불가결한 건 아니지만 아무튼 유리한 작용을 한다.

우리 시대에 정치적인 말과 글은 주로 옹호할 수 없는 것을 옹호하는 데 쓰인다. 영국의 인도 지배, 러시아의 숙청과 추방, 일본에 대한 원자탄 투하 같은 일들은 대부분의 사람들은 차마 직면할 수 없는 악랄한 주장을 동원해야만 실제로 옹호될 수 있다. 게다가 그런 주장은 정당이 표방하는 목적에도 전혀 부합하지 않는다. 때문에 정치적인 언어는 주로 완곡어법과 논점 회피, 그리고 도무지 아리송한 표현법으로 이루어진다. 이를테면 무방비한 마을이 폭격을 당하고, 주민들이 시골로 내

몰리고, 가축들이 기관총 난사를 당하고, 오두막들이 소이탄에 타 버리는 것을 '평정'이라 부른다. 수백만의 농민이 농지를 강탈당하고서 지고 갈 수 있는 것들만을 챙겨 터벅터벅 길을 떠나도록 내모는 것을 '인구 이전'이나 '전선 조정'이라 부른다. 사람들이 재판도 못 받고 몇 년 동안 투옥되거나, 뒷덜미에 총을 맞거나, 북극의 강제수용소로 끌려가 괴혈병으로 죽는 것을 '의심 요소 제거'라 부른다. 이런 식의 조어법은 무언가를 마음속으로 그려 보는 법 없이 명명하고자 할 때 필요하다. 가령 러시아의 전체주의를 변호하는 마음 편한 영국의 교수를 떠올려 보자. 그는 대놓고 "나는 좋은 결과를 낼 수만 있다면 반대자들을 죽여도 좋다고 생각한다"는 말을 할 수가 없다. 때문에 아마도 다음과 같은 식으로 말할 것이다.

"소비에트 체제가 인도주의자들은 개탄할지 모를 어떤 특징을 표출한다는 점을 터놓고 인정하는 한편, 나는 정적에 대한 어느 정도의 권리 박탈은 전환기의 불가피한 부수 현상이라는 점을, 아울러 러시아 인민들이 겪어야만 했던 고초가 실질적인 공로의 영역에서는 십분 정당화된다는 점을 우리가 인정해야 한다고 생각한다."

과장된 문체는 그 자체로 일종의 완곡어법이다. 사실에다 보드라운 눈 내리듯 라틴어를 잔뜩 뿌리면 요지는 흐려져 버리고 세부는 다 덮어 버린다. 명료한 언어의 큰 적은 불성실이다. 진정한 목적과 표방하는 목적 사이에 간극이 있을 경우, 사람은 거의 본능적으로 긴 단어와 진부한 숙어에 의존하게 된다. 마치 오징어가 먹물을 뿜어 대듯 말이다. 우리 시대에는 "정치와 거리를 두는 것" 같은 일이란 있을 수 없다. 모든 문제가 정치 문제이며, 정치란 본래 거짓과 얼버무리기, 어리석음, 반목, 정신분열증의 집합체이다. 그러니 전반적인 사회의 분위기가 나쁘게 돌아갈 경우 언어는 수난을 당하게 된다. 검증할 만한 자료를 들고서 하는 추측은 아니지만, 나는 독일어와 러시아어와 이탈리아어가 지난 10년에서 15년 정도 독재 때문에 상당히 악화됐으리라 생각한다.

그런데 생각이 언어를 타락시킨다면, 언어 또한 생각을 타락시킬 수 있다. 나쁜 용법은 알 만한 사람들 사이에서도 관습과 모방 때문에 퍼져 나갈 수 있다. 내가 거론하고 있는 타락한 언어는 어떤 면에서는 대단히 편리한 것이다. '정당화될 수 없는 건 아닌 가정'이나 '바랄 만한 바가 많이 남는다'나 '유익한 목적에 봉사하지 못한다'나 '마땅히 명심해 두면 좋을 고려 사항' 같은 표현들은 언제나 손닿는 자리에 놓여 있는 아스피린 한 통처럼 끊임없이 글 쓰는 이들을 유혹한다. 이 에세이를 다시 훑어보기만 해도, 필시 바로 내가 저항하고자 하는 잘못들을 내가 거듭해서 범하고 있음을 알게 될 것이다. 오늘 아침에 나는 독일의 상황을 다루고 있는 팸플릿 하나를 우편으로 받았다. 저자는 내게 글을 "쓸 수밖에 없는 느낌"을 받았다고 했다. 나는 책자를 아무데나 펼쳤고, 거의 처음 본 문장이 이랬다. "(연합국은) 독일 자체 내에서의 민족주의적 반동을 피하는 식으로 독일의 사회적·정치적 구조의 획기적인 변혁을 달성할 뿐만 아니라, 동시에 협력적이고 통합적인 유럽의 토대를 건설할 기회를 얻었다." 그는 "쓸 수밖에 없는 느낌"을 받았다지만 (새로운 무언가를 말할 수 있겠다고 느꼈는지 모르지만) 그가 쓴 단어들은 나팔 소리에 반응하는 기병대 말들처럼 자동으로 뭉쳐서 흔해빠지고 따분한 패턴을 이룬다. 이렇게 기성품 같은 표현들('토대를 건설하다'와 '획기적 변혁을 달성하다')이 필자의 내면을 침공하는 것을 막으려면 항상 경계를 단단히 하는 수밖에 없다. 그렇게 하지 않으면 그런 표현들 하나하나가 필자의 뇌를 어느 정도 마취시켜 버린다.

나는 앞서 우리 언어의 타락은 치유가 가능하리라고 말했다. 이를 부인하는 사람들은 언어란 기존의 사회 조건을 반영할 뿐이며, 직접 단어나 문장 구조를 건드려서 언어 발전에 영향을 끼칠 수는 없다고 주장할지도 모른다. 그런데 이 말은 언어의 전반적인 어조나 정신에 관해서라면 옳을 수도 있겠지만,

세부적인 면에서는 그렇지 않다. 한심하고 유치한 단어나 표현이 사라지는 경우도 꽤 있는데, 이는 자연적인 진화적 과정보다는 소수의 의식적인 노력 덕분인 경우 많았다. 최근 사례 가운데 'explore every avenue(모든 수단을 강구하다)'와 'leave no stone unturned(백방으로 노력하다)'는 몇몇 저널리스트의 조롱 덕분에 사멸하게 되었다. 충분히 많은 사람들이 관심을 갖는다면 마찬가지로 없앨 수 있는 구더기 낀 비유들이 많다. 'not un-' 같은 형식을 비웃어 주어 사라지게 할 수도 있을 것이고,* 평범한 문장에서 라틴어와 그리스어의 사용량을 줄일 수도 있을 것이고, 외래어와 괜한 과학용어를 몰아낼 수도 있을 것이고, 젠체하는 문체를 유행에 뒤떨어진 것으로 만들 수도 있을 것이다. 그러나 이 모든 것은 소소한 문제일 뿐이다. 언어를 지킨다는 것은 그 이상의 의미를 담고 있으며, 아마도 그것이 담지 '않는' 것을 이야기하는 데서 출발해야 할 것이다.

먼저, 언어를 지킨다는 것은 호고好古 취미와는 상관이 없다. 달리 말해 안 쓰이는 단어나 말투를 되살리거나, 절대 벗어

---

* [저자 원주] 'not un-' 형식을 스스로 치유하기 위해 기억할 만한 문장을 하나 소개한다. "안 검지 않은 개가 안 작지 않은 토끼를 쫓아 안 푸르지 않은 풀밭을 내달렸다A not unblack dog was chasing a not unsmall rabbit across a not ungreen field."

나선 안 되는 '표준어'를 제정하는 것과는 아무 상관이 없다. 그보다는 오히려 유용성을 다한 모든 단어나 숙어를 폐기하는 것과 더 관련이 있다. 올바른 문법이나 구문과도 상관이 없다. 그런 것이야 뜻만 분명하다면 전혀 중요한 게 아니기 때문이다. 또한 언어가 미국화되는 것을 막는 일이나 "훌륭한 산문 문체"라 불리는 것과도 상관이 없다. 다른 한편으로 말을 간결하게 하는 시늉만 하는 것과도, 글말을 입말로 바꾸려는 시도와도 관련이 없다. 색슨어 단어를 라틴어 단어보다 선호해야 한다는 뜻도 전혀 아니다. 물론 뜻을 담아낼 수 있는 한 가장 적고 짧은 단어를 사용한다는 뜻은 내포하고 있다. 그렇다면 무엇보다 필요한 건 의미가 단어를 택하도록 해야지 그 반대가 되도록 해서는 안 된다는 점이다. 산문의 경우, 단어를 가지고 할 수 있는 최악의 일은 단어에 굴복하는 것이다. 구체적인 대상을 생각할 경우 단어를 먼저 사용하지 말고 머릿속으로 떠올려 보자. 그런 다음 머릿속에 그려 본 것을 묘사하고 싶을 때 거기에 딱 맞는 정확한 단어를 찾아 볼 수 있을 것이다. 추상적인 무언가를 생각할 경우엔 처음부터 단어로 표현하려는 쪽으로 기울어지기 쉽다. 의식적으로 그렇게 하지 않으려고 노력하지 않으면, 기존의 표현법이 마구 밀려들어 당신 대신 글을 써 버릴 것이다. 그 대가는 의미가 흐려지거나 심지어 바뀌어 버리는 것이다. 그러니 가능한 한 단어를 쓰는 것을 미루고서 감각을 이용하여 전하고자 하는 뜻을 최대한 분명하게 하는 것이 보다 나은 방법이리라. 그 뒤에 뜻을 가장 잘 담을 수 있는 문구를 택할 수 있을 것이고(그저 수동적으로 받아들이는 게 아니라) 그런 다음에 자신이 택한 낱말들이 다른 사람에게 어떤 인상을 줄 것인지 판단하고 교체해 볼 수 있을 것이다. 이렇게 마지막 공을 들이면 진부하거나 뒤섞인 이미지, 미리 조립된 문구, 불필요한 반복, 그리고 허튼소리와 막연함을 대체로 피할 수 있다. 그렇지만 글 쓰는 사람이 단어나 문구가 과연 효과가 있을지 의문을 가지는 경우가 흔히 있으니, 그런 이들은 직관이 통하지 않을 때 기댈 만한 원칙을 필요로 한다. 나는 다음과 같은 원칙이 대부분의 경우에 도움이 되리라 생각한다.

1. 활자화된 경우를 본 적이 없는 비유는 절대 사용하지 않는다.
2. 짧은 단어를 쓸 수 있을 때는 절대 긴 단어를 쓰지 않는다.
3. 단어 하나를 빼도 지장이 없는 경우에는 반드시 뺀다.
4. 능동태를 쓸 수 있는데도 수동태를 쓰는 경우는 절대 없도록 한다.
5. 외래어나 과학용어나 전문용어는 대신할 수 있는 일상어가 있다면 절대 쓰지 않는다.

6. 너무 황당한 표현을 하게 되느니 위 원칙 중 하나를 깬다.

이런 원칙들은 기초적인 내용처럼 들리며 실제로 그렇기도 하지만, 지금 유행하는 문체에 적응되어 자란 사람이라면 태도를 철저히 바꿔야만 지키는 게 가능하다. 그리고 이들 원칙을 다 지켜도 여전히 나쁜 영어 문장을 쓸 수 있지만, 적어도 이 에세이 맨 앞에서 내가 인용한 다섯 표본 같은 글을 안 쓰게 될 것이다.*

여기서 나는 언어의 문학적 용도를 고려한 건 아니며, 생각을 감추거나 막지 않고 표현하는 수단으로서의 언어만을 거론한 것이다. 스튜어트 체이스** 같은 이들은 모든 추상적인 낱말은 무의미하다는 식의 주장을 해 왔으며, 그것을 일종의 정치적 침묵주의quietism를 옹호하는 구실로 삼아 왔다. 파시즘이 정확히 무언지 모르는데 파시즘에 대한 투쟁을 어떻게 할 수 있느냐는 식인 것이다. 이런 억지 주장을 곧이곧대로 받아들일 필요는 없겠지만, 지금의 정치 혼란이 언어의 타

---

* 본 에세이집의 주제에 걸맞지 않고 영어에 대한 설명이 많은 부분이어서 생략했다.

** Stuart Chase(1888-1985). 미국의 경제학자이자 공학자. '뉴딜New Deal'이란 말을 처음 쓴 사람으로 알려져 있으며, 저서 『낱말의 압제The Tyranny of Words』(1938)는 일찍이 일반의미론general semantics을 알린 것으로 유명하다.

락과 연관돼 있으며, 언어 문제부터 건드림으로써 상황을 개선할 수도 있다는 점을 인정할 필요는 있다. 우선 자신이 쓰는 영어를 간결하게 한다면, 가장 우매한 정설로부터 자유로워질 수 있다. 그렇게 되면 불가피하게 느껴졌던 관용어를 쓰지 못하게 되며, 어리석은 표현을 썼을 때 그 어리석음이 스스로에게도 분명히 드러나 보인다. 정치적 언어란 거짓을 사실처럼 만들고 살인을 존중할 만한 것으로 만들기 위해, 완전 헛소리를 그럴듯한 것으로 만들기 위해 고안되는 것이다(그리고 차이는 있어도 보수당에서부터 무정부주의자에 이르기까지 모든 정당이 그렇게 하고 있다). 이런 현상을 단번에 다 바꿀 수는 없는 노릇이다. 하지만 적어도 자신의 습관은 바꿀 수 있으며, 충분히 조롱을 퍼붓는다면 일부 진부하고 무용한 관용구('군홧발' '아킬레스건', '용광로', '진정한 지옥' 등과 같은 언어 쓰레기들)를 본래 자리인 쓰레기통으로 보낼 수도 있다.

문학과 전체주의[*]
Literature and Totalitarianism

첫 번째 방송[**] 서두에서 저는 지금이 비평의 시대가 아니라고 했습니다. 지금은 당파성의 시대이지 객관성의 시대가 아닙니다. 자신이 동의하지 않는 결론을 내는 책에서는 문학적인 가치를 발견하기가 참으로 어려운 시대입니다. 정치가(아주 일반적인 의미의 정치를 말합니다) 문학을 침범한 게 보통 있던 수준을 넘어섰고, 그래서 개인과 사회 간에 항상 존재하는 갈등이 우리 의식의 표면으로 떠오른 겁니다. 지금 같은 시대에 정직하고 공정한 비평문을 쓰기가 어렵다고 느낀다면, 다가오는 시대에 문학 전체에 드리울 위협의 본질이 무언지 이해되기 시작했다는 의미입니다.

[*] 1941년 6월 BBC 발간 주간지인 ≪리스너≫에 게재. 오웰이 참여하던 BBC 토크 방송의 대본이었으며, 오웰은 이 주제로 옥스퍼드 대학교에서 강연을 하기도 했다.

[**] BBC 토크 방송의 이전 회를 말하며, 이 대본은 "톨스토이와 셰익스피어"라는 제목으로 ≪리스너≫에 게재되었다.

우리는 자율적인 개인이 존재하기를 그치는 시대를 살고 있습니다. 아니면 개인이 자율적일 수 있다는 공상을 그만두는 시대에 살고 있다고 하겠습니다. 우리가 문학에 관해 말하는 모든 것에서, 그리고 (무엇보다) 우리가 비평에 관해 말하는 모든 것에서, 우리는 본능적으로 자율적인 개인을 당연시합니다. 유럽 근대문학 전체가(지난 400년 동안의 문학을 말합니다만) 지적인 정직성이라는 개념, 달리 표현하자면 "너 자신에게 참되어라"*라는 셰익스피어의 경구를 기반으로 하고 있습니다. 우리가 작가에게 요구하는 첫 번째는 그가 거짓을 말하지 않아야 한다는 점, 그가 정말로 생각하고 느끼는 것을 말해야 한다는 점입니다. 우리가 한 예술작품에 대해 말할 수 있는 최악의 평은 진정성이 없다는 것입니다. 이는 창작문학보다 비평의 경우에 더 사실인 말입니다. 창작문학의 경우 작가가 근본적으로 진실되기만 하면 어느 정도의 가식이나 매너리즘이야, 심지어 어느 정도의 공공연한 사기도 문제가 되지 않지만 비평은 다릅니다. 근대문학은 본질적으로 개인적인 것입니다. 한 사람이 생각하고 느끼는 바를 진실되게 표현한 게 아니면 아무것도 아닌 것입니다.

* 『햄릿』 1막 3장에서 폴로니우스가 아들에게 하는 대사.

말씀드린 바와 같이 우리는 그런 개념을 당연시하지만 이를 말로 옮기자마자 문학이 얼마나 위협당하고 있는지를 깨닫게 됩니다. 지금은 전체주의 국가의 시대이며, 이 국가는 개인의 자유 같은 건 용납하지 않으며 아마 용납할 수도 없기 때문입니다. 전체주의를 언급할 때 우리는 곧바로 독일, 러시아, 이탈리아를 떠올리지만, 제가 보기에 우리는 이 현상이 전 세계적인 것이 될 위험에 직면할 수밖에 없습니다. 자유시장 자본주의의 시대는 끝나가는 게, 사회주의든 국가 자본주의든 아무튼 중앙집중식인 경제를 채택하는 나라들이 늘어나고 있는 게 명백합니다. 이와 함께 개인의 경제적 자유도, 좋아하는 걸 하고 직업을 택하고 지표면 여기저기를 오갈 자유도 상당한 정도로 없어져 버립니다. 얼마 전까지만 하더라도 이런 일이 벌어지리라는 짐작을 하기는 어려웠습니다. 경제적 자유가 사라지면 지적인 자유에도 영향이 있다는 예측도 충분히 할 수 없었습니다. 사회주의는 대개 도덕적인 자유주의의 일종으로 여겨졌습니다. 국가가 당신의 경제생활을 책임지고, 빈곤이나 실업 같은 것들에 대한 공포로부터 자유롭게 해 주되, 개인의 지적知的 활동에는 개입할 필요가 없는 것인 줄 알았습니다. 예술이 자유주의적 자본주의 시대만큼이나, 혹은 그보다 조금 더 번성하려니 했습니다. 예술가가 경제적 속박에서 벗어나게 될 테니 말입니다. 그런데 드러난 증거로 보건대 이런 생각이 틀렸다는 걸 인정해야만 합니다. 전체주의는 이전 어느 시대에 있었다고도 들어 보지 못한 정도로 생각의 자유를 말살해버렸습니다. 중요한 건 전체주의가 사상을 통제하는 방식은 어떤 것을 부정하는 방식만 있는 게 아니라 어떤 것을 긍정하는 방식도 있다는 점입니다. 어떤 생각을 표현하는 걸— 심지어 품는 걸— 금할 뿐만 아니라 무슨 생각을 '하라고' 명하기도 하기 때문입니다. 우리를 위해 이념을 만들어 주기도 하고, 우리의 정신생활을 지배할 뿐만 아니라 행동수칙을 정하려고도 합니다. 우리를 외부세계로부터 가능한 한 멀리 떼어놓고, 비교 기준이 없는 인공적인 세계에 가두어 버립니다. 아무튼 전체주의 국가는 피지배자들의 생각과 감정을 통제하려 하는데, 적어도 행동을 통제하는 것만큼 완전한 수준으로 그러려고 합니다.

그렇다면 우리에게 중요한 질문은, 그런 분위기에서 문학이 살아남을 수 있을까 하는 것입니다. 그럴 수 없다는 답이 바로 나와야 한다고 저는 생각합니다. 전체주의가 세계적이면서 영구적인 현상이 된다면, 우리가 문학이라고 알고 있는 것은 끝나게 됩니다. 그리고 끝나고 말 게 르네상스 이후의 유럽 문학만이라고(언뜻 그렇게 보일지도 모르지만) 말할 수는 없습니다.

전체주의와 과거 주요 종교 정통파(유럽이든 동양이든) 사이에는 몇 가지 중대한 차이점이 있습니다. 가장 중요한 건 과거의 정통파들이 변하지 않았다는 점, 혹은 적어도 급변하지 않았다는 점입니다. 중세 유럽의 교회는 무얼 믿을지를 강요했지만 적어도 태어나서 죽을 때까지 같은 믿음을 유지하는 걸 허용했습니다. 월요일에 뭘 믿으라고 했다가 화요일에 다른 걸 믿으라고 하지는 않았던 것입니다. 정통파 기독교도든 힌두교도든 불교도든 이슬람교도든 경우는 별다르지 않았습니다. 그들 중 누구든 어떤 측면에서는 사고의 범위가 제한되긴 했지만 같은 사고의 틀 안에서 한평생을 살 수 있었습니다.

전체주의의 경우엔 정확히 그 반대입니다. 전체주의 국가의 독특함은 생각을 통제하긴 해도 고정하지는 않는다는 것입니다. 의심을 허용하지 않는 독단적 교리를 만들어 놓고는 날마다 바꾸어 버립니다. 피지배자들의 절대 복종이 필요하기에 독단적 교리가 필요한데, 국제 정세의 요구에 따라 변동을 피할 수 없습니다. 스스로 오류란 있을 수 없다고 선언하고선 동시에 객관적 사실이란 개념 자체를 공격합니다. 거칠지만 명백한 예를 하나 들어 봅니다. 모든 독일인들이 1939년 9월까지 러시아 볼셰비즘을 대할 때 공포감과 혐오감을 느꼈지만, [독일과 소련 사이에 불가침 조약이 맺어진 뒤] 1939년 9월부터는 존경심과 애착심을 품고 대해야 했습니다. 러시아와 독일이 전쟁을 한다면(몇 년 안에 그럴 것 같습니다만) 마찬가지로 급격한 변화가 또 일어나고 말 겁니다. 독일인들의 감정 상태는—그것이 애정이든 증오든—필요하다면 하룻밤 사이에 바뀔 수 있습니다. 이런 것들이 문학에 끼칠 영향에 대해서는 지적할 필요도 없지 않나 싶습니다. 글쓰기란 건 무엇보다 느낌이 중요한데, 이게 바깥에서 계속 통제할 수 있는 게 아니기 때문입니다. 당장의 정통파에게 립서비스를 하기는 쉽지만, 중요한 글은 자신이 말하는 바의 진실을 '느낄' 때라야만 써집니다. 그런 느낌이 없다면 창작의 충동이 부족해지는 것이지요. 우리가 아는 모든 증거로 보건대, 전체주의가 피지배자에게 요구하는 감정의 급격한 변화는 심리학적으로 불가능한 일입니다. 이게 바로 전체주의가 온 세계를 석권하면 지금까지 우리가 알아 온 문학이 끝나 버린다는 제 주장의 주된 근거입니다. 실제로 전체주의는 그만한 영향을 끼치고 있는 것 같습니다. 이탈리아에서는 문학이 불구가 되어 버렸고, 독일에서는 다 죽어 가는 것 같습니다. 나치의 가장 전형적인 행동은 책을 불태우는 짓입니다. 심지어 러시아에서도 한때 우리가 기대했던 문학의 르네상스는 오지 않았고, 러시아의 가장 유망한 작가들이 자살을 하거나 감옥으로 사라지는 경향이 두드러지고 있습니다.

앞서 저는 자유시장 자본주의가 분명히 파국을 맞이할 거라고 했습니다. 그래서 제가 생각의 자유 또한 어쩔 수 없이 죽을 운명이라고 말하려는 것처럼 비쳤을지도 모르겠습니다. 하지만 저는 그렇게 될 거라고 생각지 않습니다. 저는 문학이 살아남을 가망은 자유주의가 가장 깊이 뿌리내린 나라들에 있다고 생각합니다. 군사정부가 아닌 나라들에서, 서유럽이나 아메리카대륙이나 인도나 중국 같은 곳에서 말입니다. 중앙집중식 경제가 현실화되겠지만 그런 나라들이라면 전체주의가 아닌 사회주의의 한 형태로 진화해 가는 법을 알게 되지 않을까 하는 생각을—경건한 희망에 지나지 않을지도 모르지만—하고 있는 것이지요. 그런 사회에서 경제적 개인주의는 소멸해도 생각의 자유는 살아남을 것입니다. 아무튼 그런 희망이야말로 문학을 좋아하는 사람이 붙들 수 있는 유일한 희망이 아닐까 합니다. 문학의 가치를 체감하는 사람이라면, 문학이 인류사의 발전에서 차지한 중심 역할을 아는 사람이면, 그 누구든 전체주의(그것이 우리의 안과 밖 어디에서부터 강요되든)에 저항하는 게 얼마나 절실한 일인지를 잘 알 것입니다.

역자 후기
먹구름 아래에서 근본을 살피다

"민주주의가 아프면 파시즘이 머리맡에 찾아오지만, 안부를 여쭈러 오는 게 아니다." - 알베르 카뮈

조지 오웰을 자주 떠올릴 수밖에 없었던 2024년 말이었다. 오웰의 르포, 소설과 다수의 에세이를 번역했던 역자로서, 거의 100년 전과 닮았다 할 일들이 나라 안팎으로 벌어지고 있던 상황에서 오웰이 주목했던 주제나 단어가 자꾸 생각날 수밖에 없었다. 급기야 '계엄'이라는 비현실적 사태가 벌어졌고 그로부터 100일이 훌쩍 지난 지금까지 그야말로 초현실적 혼란이 이어지고 있다. 오웰이 겪은 무서운 역사가 갑자기 나의 현실로 다가왔고 여기에, 하루하루 마음 졸이며 사태를 지켜보고 있었다. 바로 그 무렵 원더박스 출판사로부터 키워드 몇 개와 함께 오웰의 그 많은 에세이 중에서 지금 현실에 길잡이가 되어 줄 수 있는 글들을 찾아보자는 제안을 받고서 의기투합한

결과물이 이번 에세이집 『민주주의와 자유』이다.

오웰은 20세기 작가 중에 그 누구보다 지금까지도 널리 읽히고 자주 인용되어 동시대 작가라 할 인물로서 짧은 생이었지만 수많은 에세이와 서평을 남겼다. 그중에서 지금 우리 현실에 섬뜩하게 다가오는 듯한 '파시즘'과 '전체주의'라는 악몽과 '민주주의'와 '자유'의 위기를 헤쳐 나가는 데 도움이 될 글들을 찾아서 많은 독자들에게 소개한다면 보람 있는 일이지 않을까 하여 12편의 글을 묶었다(몇 편은 더 긴 글의 한 부분이다).

여기서 우선 파시즘이란 키워드에 대한 오웰의 정의가 궁금하기 마련이었는데, 흥미로운 구절을 발견할 수 있었다. 오웰은 파시즘이란 단어를 정의하기 어렵고 조심스럽게 써야 한다는 입장이지만, 거칠게 말해 "무언가 잔인하고, 무도하고, 오만하고, 몽매주의적이고, 반자유주의적이고, 반노동계급적인 것"이며 파시스트의 동의어에 가장 가까운 말로 "무뢰한"을 꼽는다(「파시즘이란 무엇인가」). 무뢰한은 "bully"라는 영어에 대응하는 말을 찾다가 선택한 단어인데, 영영사전의 정의에 따르면 '약자에게 습관적으로 가혹하고 거만한 태도를 보이는 사람'이라는 뜻이다. 오웰의 조심스러운 정의에 해당하는 사람과 그의 태도와 그를 따르자고 선동하는 사람들이 내 현실에서 겹쳐져 쓴웃음이 나왔다.

파시즘으로부터 민주주의와 자유를 지키기 위해 우리가 할 수 있는 건 무언지를 찾고도 싶던 차에 눈에 띄는 구절도 있었다. 오웰은 진보 작가로서 진보진영 내부에 대한 비판에 엄격했던 점에서 매우 예외적인 존재였고, 그래서 양쪽으로부터 오해와 비난을 받곤 했다. 영국의 공산당 기관지인 《데일리 워커》는 여러 차례 그를 헐뜯었고, 소련과 전체주의를 풍자한 『동물농장』은 출간이 몇 번이나 좌절되었다. 그런 맥락에서 그는 자유란 "타인을 위한 자유"를 말한다는 로자 룩셈부르크의 자유론과 "나는 당신이 하는 말이 너무 싫지만, 그래도 당신이 말할 권리를 죽더라도 지키겠다"라는 볼테르의 명언을 인용한다(실제로 그는 《데일리 워커》에 대한 탄압에 반대하고 옹호하는 발언도 했다). 그리고 서구사회가 지켜온 이 "원칙"을 오히려 서구의 진보주의자들이 (소련을 옹호하여) 경시하는 경향을 질타한다. 그는 자유라는 말을 정의하자면 "남들이 싫어하는 말을 그들에게 할 권리"일 거라며 보통 사람들이 이 원칙을 더 잘 따른다고 말한다. 듣기 싫은 소리를 한다고 다 잡아 가두고 처단하려 한 사람들에 대해선 더 말할 것도 없다. 다만, 민주주의와 헌법을 수호해야 할 진영이라면 내부의 비판에 더 관대해져야 보다 건강한 생태계를 이룰 수 있지 않을까 싶었다.

요컨대 역자로서 이번 작업을 통해 언제라도 닥칠 수 있는 괴물 같은 거악으로부터 공동체를 지키기 위해서는 사회 내부의 소외된 계층에 대한 배려와 자기 진영 내부의 다양한 목소리에 대한 존중이 중요하다는 생각을 할 수 있게 되어 보람 있었다. 좋은 제의를 해 주시고 작품 선정에 많은 도움을 주신 원더박스 출판사 여러분께 감사의 말씀을 드린다.

2025년 4월

이한중

조지 오웰 연보[*]

1. 출생과 유년시절

• 1903년

6월 25일 인도 북동부 모티하리 출생. 본명은 에릭 아서 블레어Eric Arthur Blair. 영국 식민지인 인도 행정부의 아편국 관리인 아버지 리처드 블레어(1857년생)와 버마에서 자란 어머니 아이다 블레어(1875년생) 사이의 3남매 중 둘째로 태어난다. 다섯 살 위인 누나의 이름은 마조리, 다섯 살 아래인 여동생은 에이브릴이다. 어머니가 자녀 교육 등의 문제로 영국으로 돌아가길 원하자, 아버지는 연말쯤 휴가를 내어 가족을 영국으로 데려간 것으로 보인다.

* 한겨레출판에서 나온 『나는 왜 쓰는가』에 실린 동일 역자가 작성한 연보를 수정하여 출판사의 양해를 얻어 싣는다.

● 1904~1911(1~8세)

아버지는 1904년에 인도로 돌아간 뒤 1912년에 영구 귀국하기까지 집에 딱 한 번 잠시 다녀갔을 뿐이다. 어머니는 런던에서 60킬로미터 거리인 '헨리 온 템스'라는 타운에 두 자녀와 함께 정착하여 새 환경에 잘 적응한다. 어머니는 사교적이고 예술에 취미가 많은 편이었다. 에세이 「나는 왜 쓰는가」에 따르면 에릭은 집안에 남자가 없기도 하고 누나와 동생이 위아래로 터울이 꽤 있기도 하여 좀 외로운 편이었으나, 이 시절은 훗날 그에게 좋은 추억이 많은 비교적 행복한 때로 남는다. 학교는 대여섯 살 때 누나를 따라 지역의 수녀원 학교를 다닌 것으로 보인다.

2. 예비학교 세인트 시프리언스

● 1911~1916(8~13세)

에릭이 학령이 되자 어머니는 아들에게 사립 기숙학교 교육을 받게 해 주고 싶었으나 그만한 가정형편이 아니었다. 그러다 외삼촌의 소개로 남해안에 있는 유명 예비학교인 '세인트 시프리언스' 학교에 학비를 절반만 내면 되는 장학생으로 선발된 에릭은 방학 때만 집에 올 수 있는 생활을 5년 동안 하게 된다. 집을 떠나 부유층 자제들이 다니는 기숙학교에서 학교장 부부의 차별을 받으며 단체생활을 해야 하고 명문 사립학교에 장학생으로 진학하여 학교의 이름을 빛내야 한다는 부담 때문에 불행했던 그는 나중에 반어적인 제목의 에세이 「정말, 정말 좋았지」에서 당시에 받은 상처를 드러낸다.

1912년에는 완전히 귀국한 나이 많고 이해심 없는 아버지 때문에 방학 생활이 편치 않았으나, 1914년엔 이웃집 3남매와 친해져 함께 사냥과 낚시와 야생 조류 관찰을 즐길 수 있었다. 학교생활은 불만스러웠지만 에릭은 시를 써서 두 번 지역 신문에 실리기도 하고, 명문 사립학교 해로우에서 주최하는 역사 퀴즈대회에 나가 2등상을 타기도 한다. 그리고 학업 성적이 우수하여 결국 명문 사립 웰링턴과 이튼의 장학생으로 선발된다.

3. 사립학교 이튼

● 1917~1921(14~18세)

입학이 먼저 확정된 웰링턴 칼리지의 지나친 군대 분위기가 싫었던 에릭은 한 학기를 마친 뒤인 1917년 5월 이튼 칼리지로 옮긴다. 왕립 장학생 자격으로 학비를 면제받은 그는 예비학교

시절과는 달리 이튼에선 학과목을 등한시하고서, 교지를 만들거나 시를 쓰고 단편소설을 쓰거나 운동경기를 즐기는 등 비교적 자유롭게 지낸다. 가정형편이 넉넉지 않았던 그가 대학, 특히 옥스브리지(옥스퍼드와 케임브리지)에 가려면 장학금이 필요했으나 오웰의 학업성적은 입학 때와는 달랐다. 더구나 그는 자신이 태어나고 외가 친척이 있는 동양에 대한 호기심과 모험심이 강해 대학에 대한 관심보다는 동양에 가 보겠다는 낭만적인 마음을 품고서 1921년 크리스마스 때 이튼을 졸업한다.

4. 버마 시절

● 1922~1927(19~24세)

대학 대신 '인도 제국 경찰'에 지원하기로 한 에릭은(이튼 출신으로는 유일무이한 경우로 알려져 있다) 1922년 1월, 아버지가 은퇴한 뒤 이사 간 동해안의 작은 타운 사우스월드에서 몇 달 동안 시험 준비를 하여 합격한다. 그가 선택한 곳은 영국 식민지인 인도의 관할이며, 외할머니가 살고 있는 버마였다. 같은 해 10월 버마로 떠난 그는 1927년 7월에 휴가를 얻어 영국에 오기까지 5년 동안 식민지 경찰 간부 생활을 한다. 이튼의 동급

생들 대부분이 편안히 대학을 다니고 있는 사이, 그는 제국의 식민통치와 그 앞잡이 노릇을 하는 자신에 대한 환멸을 맛보는 산 체험을 한다. 이 경험은 그의 작가 인생에 큰 자양분이 되어 소설 『버마 시절』(1934), 에세이 「교수형」(1931)과 「코끼리를 쏘다」(1936) 등을 낳게 된다.

5. 밑바닥 생활, 습작, 그리고 입문

● 1927~1929(24~26세)

영국을 떠난 지 5년 만인 1927년 8월에 돌아온 스물네 살 에릭은 더 이상 볼이 통통한 새파란 청년이 아니었다. 열대의 볕에 시달리고 뎅기열을 앓은 탓인지 주름까지 진 해쓱한 얼굴이었다. 그는 곧 버마로 돌아가지 않기로 결심하고 1928년 1월 1일부로 경찰직을 그만둔다. "압제의 일원"으로서 "양심의 가책"을 느낀 그에게 "실패만이 유일한 미덕" 같아 보였던 당시의 심경은 르포 『위건 부두로 가는 길』(1937)에서 자서전의 일부라 봐도 좋을 8장과 9장에 잘 그려져 있다. 안정된 직장을 그만두고 글을 쓰겠다는 그의 선언은 부모에겐 충격이었다. 밑바닥으로 내려가 피억압자의 입장이 될 필요가 있었던 그는 흠모하던 작가 잭 런던의 논픽션 『밑바닥 사람들』(1903)의 궤적을 따라 런던으로 가 빈민가에서 밑바닥 인생을 체험한다. 이 경험은 문예지에 실린 그의 첫 문학 에세이 「스파이크」(1931)와 그의 첫 책인 수기 『파리와 런던의 밑바닥 생활』(1933) 후반부의 바탕이 된다. 그는 이듬해인 1928년 봄엔 파리로 가서 1929년 12월까지 많은 글을 썼는데, 그 글들은 때때로 파리와 런던의 매체에 실리기도 했다. 그는 호텔이나 레스토랑의 접시닦이 노릇도 하고, 폐렴으로 입원을 하기도 하는 생활을 한다. 이때 쓴 글들은 얼마 남지 않았으나 그에겐 의미 있는 습작이 되었다.

● 1930~1935(27~32세)

영국으로 돌아온 에릭은 부모와 여동생이 뿌리를 내리고 사는 사우스월드에 주로 머물며 글을 쓰고, 이따금 부랑자나 노동자들과 어울리고, 이런저런 교사 노릇을 하기도 한다. 그러다 1933년 1월, 여러 해 동안 몇 차례의 거절과 수정을 거친 그의 첫 책 『파리와 런던의 밑바닥 생활』이 출간되며, 이때부터 조지 오웰이란 필명을 쓰게 된다(George는 가장 흔한 영국 남자 이름이고 Orwell은 그와 인연이 있는 강 이름이자 마을 이름이다). 이 책은 6월에 미국에서도 발간되어 꽤 성공을 거둔다. 같은 해

12월엔 폐렴을 심하게 앓다 입원을 하고, 몸을 추스르기 위해 학교 교사 일을 그만둔다. 이듬해인 1934년 10월엔 영국에선 출간을 부담스러워하던 첫 소설 『버마 시절』이 약간의 수정 끝에 미국에서 먼저 출간된다. 이때 오웰은 사우스월드를 떠나 이모인 넬리 리무진의 주선으로 런던에 있는 한 헌책방의 파트타임 점원이 되어 오전에는 글을 쓰고, 오후에는 서점 일을 보고, 저녁에는 사교 생활을 하며 지내게 된다. 1935년 3월엔 교사 생활 시절의 체험을 살려 쓴 두 번째 소설 『목사의 딸』이 발간되고, 《뉴 잉글리시 위클리》에 서평과 논설을 정기적으로 기고하기 시작한다.

6. 1936년과 『위건 부두로 가는 길』

● 1936(33세)

이제 작가로서 어느 정도 알려지게 된 오웰은 연초에 서점 시절의 경험을 살린 세 번째 소설 『엽란을 날려라』를 탈고할 무렵, 『파리와 런던의 밑바닥 생활』을 낸 출판사 대표 빅터 골란츠로부터 좋은 제의를 받게 된다. 골란츠가 편집위원으로 있기도 한 진보단체인 '레프트 북클럽'에서 잉글랜드 북부 노동자들의 생활상을 취재하여 책을 써 줄 작가로 오웰을 점찍은 것이었다. 오웰은 1월 말에 서점 일을 접고 3월 말까지 두 달 동안 위건, 맨체스터, 셰필드 등 북부 탄광지대 일대를 다니며 하층민들의 열악한 삶을 조사한다. 취재에서 돌아온 그는 조용히 집필할 공간이 필요했다. 그래서 파리에서 서점 일을 구하는 데 도움을 준 이모 넬리 리무진이 살고 있던 런던 외곽의 시골마을 월링턴에 작은 시골집을 얻어 4월부터 『위건 부두로 가는 길』을 집필하기 시작한다. 6월에는 서점 시절부터 알고 지내던 심리학 대학원생 아일린 오쇼네시Eileen O'Shaughnessy와 결혼한다.

텃밭을 일구고 가축을 기르고 동네 가게를 열 준비를 하며 집필에 몰두하던 7월에 발발한 스페인 내전을 예의 주시하던 오웰은 『위건 부두로 가는 길』을 12월에 탈고하자마자 "파시즘에 맞서 싸우러" 스페인 전장으로 달려간다. 1936년은 33세 된 오웰이 보다 정치적인 작가로 거듭나는 계기가 된 특별한 해였다. 기념비적 에세이 「나는 왜 쓰는가」에서 그는 "1936년부터 내가 쓴 진지한 작품은 어느 한 줄이건 '전체주의'에 맞서고 내가 아는 '민주적 사회주의'를 위해 쓴 것들이다. (…) 돌이켜보건대 내가 대체로 맥없는 책들을 쓰고, 혹해서 현란한 구절이나 뜻 모를 문장이나 장식적인 형용사나 허튼소리에 빠졌을 때는 어김없이 '정치적' 목적이 결여됐던 때였다"라고 술회한다.

7. 스페인 내전과 『카탈로니아 찬가』

● 1937(34세)

전년도 말에 스페인 마르크스주의 통일노동자당 소속의 민병대원으로서 바르셀로나의 '레닌 병영'에서 짤막한 훈련을 받은 오웰은 1월 초에 전선으로 향한다. 그리고 1월 말엔 통일노동자당과 손을 잡은 영국 독립노동당 분견대의 상병이 되어 다른 전선으로 옮겨간다. 2월에는 아내 아일린이 오웰의 책 출간 마무리 작업을 돕고 가게를 그의 이모에게 맡겨 둔 뒤 스페인으로 넘어온다. 그리고 3월엔 『위건 부두로 가는 길』이 대중판 및 '레프트 북클럽'의 '이달의 책' 배포용으로 함께 나와 상당한 주목을 받는다.

당시 스페인 공화파를 돕던 세력들 사이엔 알력이 있었는데, 오웰이 속한 통일노동자당 민병대와 독립노동당 분견대는 스탈린을 지지하는 공산주의자들에게 탄압을 받는다. 5월에 전선을 떠나 휴가차 바르셀로나에 갔다가 공산주의자들이 오히려 혁명을 억압하는 세력임을 목도한 그는 분견대 소위가 되어 전선으로 돌아갔다가 적군 저격수에게 목에 총상을 입는다. 후방으로 이송되어 회복 중이던 6월, 통일노동자당이 불법화되어 공산당 경찰에게 쫓기는 신세가 된 오웰은 아내와 함께 간신히 프랑스 국경을 넘는다. 7월 초에 월링턴 시골집으로 돌아온 그는 곧 스페인 내전의 체험을 그린 『카탈로니아 찬가』 집필에 돌입하는데, 그의 책 두 권을 냈던 빅터 골란츠는 소련에 대한 비판이 못마땅하여 출판 제안을 거절한다. 이에 다른 출판사와 계약하여 원고가 이듬해 1월에 완성된다.

8. 요양과 제2차 세계대전, 그리고 『동물농장』

● 1938~1939(35~36세)

35세 되던 1938년 3월, 오웰은 폐결핵 증상을 보여 요양원에 들어간다. 4월에는 『카탈로니아 찬가』가 발간되는데 상업적인 성공을 거두지는 못한다. 6월에 독립노동당에 가입한 오웰은 7월에 다음 소설을 구상하다가 병이 도져 다시 요양원 신세를 진다. 당분간 글을 쓰지 말고 겨울을 따뜻한 곳에서 나라는 의사의 조언이 있자 오웰은 요양비를 몰래 대 주려는 친구에게 돈을 빌려 9월에 아내와 함께 프랑스령 모로코로 떠난다. 마라케시에 거처를 얻은 그는 같은 달에 바로 소설 『숨 쉬러 나가다』를 집필하기 시작하여 한동안 다시 앓기도 하다가 이듬해인 1939년 3월 말에 완성된 원고를 들고 영국으로 돌아온다. 4

월에 월링턴 시골집으로 돌아온 그는 그로부터 1년 동안 글을 쓰지 않을 때면 주로 텃밭과 꽃을 가꾸고, 염소와 닭을 기르는 생활을 하게 된다. 6월엔 『숨 쉬러 나가다』가 발간된다. 그리고 같은 달 아버지가 82세를 일기로 숨을 거둔다.

● 1939~1945(36~42세)
1939년 9월에 제2차 세계대전이 발발하자 오웰은 한동안 좌절과 실의를 맛본다. 거듭되는 노력에도 불구하도 그는 건강상의 문제로 위기에 처한 나라에 도움이 되는 일을 할 기회를 얻지 못하고, 몇 달 동안 서평 몇 편 말고는 언론에 글을 거의 발표하지도 못한다. 그리고 전쟁 초기에 그는 비현실적인 평화주의와 당 노선에 대한 강요에 불만을 품고 독립노동당을 탈당한다. 1940년 3월엔 헨리 밀러의 소설 『북회귀선』을 논한 에세이 「고래 뱃속에서」를 포함한 세 편의 에세이가 단행본으로 출간된다.

경제적인 불안과 전쟁에서 아무 역할도 하지 못한다는 좌절감과 어수선한 시대 분위기 때문에 구상하던 소설에 손을 대지 못하던 오웰은 1940년 5월에 월링턴 시골집을 떠나(이 시골집은 1947년까지 유지한다) 런던에 집을 구한다. 런던으로 간 그는 민방위대에서 하사관 노릇을 하며, 가을에는 시리즈물의 첫 소책자가 될 긴 에세이 「사자와 일각수」를 써서 이듬해 2

월에 낸다. 1941년 8월에 오웰은 BBC에 입사하여 동양총국 Eastern Service의 인도 전담 프로듀서가 되어 교양 라디오 프로그램을 제작하게 된다. BBC에서 근무한 2년 동안 그는 풀타임으로 일하며 여러 매체에 글을 싣기도 하고, 민방위대 일까지 맡는 바쁜 생활을 한다. 1943년 3월엔 어머니가 67세를 일기로 숨을 거둔다. 그리고 11월엔 건강상의 이유로 민방위대 일을 그만두고, BBC도 사직하며, 《트리뷴》의 문예 부문 편집장이 된다. 또한 『동물농장』 집필에도 착수한다.

1944년 2월엔 전년도 11월에 쓰기 시작한 『동물농장』을 탈고한다. 아이가 없던 오웰 부부는 5월엔 생후 한 달이 안 된 남아를 입양하여 리처드 호레이쇼 블레어라 이름 붙인다. 1945년 2월, 오웰은 《트리뷴》의 문예 부문 편집장을 그만두고 《옵저버》지의 전쟁 특파원이 되어 파리로 가게 된다. 아내 아일린은 한동안 건강이 좋지 않다가 기력을 좀 회복하여 3월 말에 수술을 받던 도중 숨지고 만다. 귀국한 오웰은 아내의 장례를 치르고 4월에 다시 파리로 가 취재를 마치고 5월에 귀국한 뒤, 6월과 7월엔 영국 총선 보도를 한다. 그리고 8월엔 1년 반 동안 출판사를 못 만나 출간이 지연되던 『동물농장』이 드디어 빛을 본다.

9. 쥬라 섬과 『1984』

- 1946(43세)

아내의 사망 이후 입양한 아들을 포기할 것이라던 주변의 예상과는 달리 오웰은 가정부를 두며 아들 리처드를 돌보고 함께 많은 시간을 보내기도 한다. 1946년 2월에 평론집 『크리티컬 에세이』를 낸 오웰은 몇 달 동안 글을 쓰지 않고 지낸다. 5월에는 누나가 48세 짧은 인생을 마감한다. 같은 달 그는 스코틀랜드의 한적한 섬 쥬라에 농가를 얻어 아들과 가정부를 데려오는데, 가정부가 곧 그만두자 여동생이 집안일을 맡게 된다. 마흔셋 되던 1946년은 작가로서의 오웰에게 특별한 해였다. 『동물농장』은 전후의 분위기를 타 상당한 반향을 일으키고 세계적인 성공을 거두어 오웰은 명사가 된다. 이 책이 8월에 '미국 이달의 책 클럽'의 도서로 선정되어 50만 부가 팔려 나가자 오웰은 작가 생활 20년 만에 최초로 경제적 걱정으로부터 벗어난다. 그리고 같은 해 『1984』 집필에 착수하게 되며, 몇 달 동안의 공백이 있었음에도 130여 편의 글을 쓰고 이런저런 정치 활동에도 참여한 것을 보면 아내의 죽음으로 인한 상심을 극복하려 했던 것인지도 모른다.

• 1947~1949(44~46세)

1947년 4월부터 오웰은 주로 쥬라 섬에 틀어박혀 지내게 되며, 얼마 뒤엔 런던의 집과 월링턴의 시골집을 정리한다. 5월부터는 건강이 악화되자 잡지에 기고하는 글을 크게 줄이는데, 그사이 예비학교 시절의 아픈 추억을 강렬하게 그려낸 에세이 「정말, 정말 좋았지」를 쓴다. 여름과 가을에는 앓아누워 가면서까지 『1984』의 초고를 완성하며, 연말엔 폐결핵 진단을 받고 결국 입원하게 된다. 1948년 3월엔 건강을 좀 회복하여 「작가와 리바이어던」 외에 몇 편의 에세이를 쓴다. 7월에 쥬라의 농가로 돌아온 그는 치료를 받으러 다니지 않고 소설 탈고에 매달린 끝에 12월에 『1984』의 완성 원고를 보낸다. 그사이 에세이 「간디에 대한 소견」을 발표하기도 하다가 1949년 1월에 다시 입원을 한다. 이후 6월에 영국과 미국에서 동시 출간된 『1984』는 나오자마자 평단과 대중의 갈채를 받고, '미국 이달의 책 클럽'의 선정 도서가 된다.

10. 마지막 나날과 사망

• 1949~1950(46~47세)

1949년 9월에 다시 건강이 몹시 악화된 오웰은 런던의 한 대학병원으로 옮겨진다. 입원 직후 그는《호라이즌》편집자 소니아 브라우넬Sonia Brownell과 결혼하게 된다. 결혼식은 10월에 병실에서 치러진다. 이후 건강이 점점 악화되어 스위스 요양원으로 떠나기 며칠 전인 1950년 1월 21일, 작가 조지 오웰은 47세에 길지 않은 생을 마감한다. 오웰은 유언대로 자신이 숨을 거둔 지역의 성공회 교회 묘지에 묻히는데(런던에서 100킬로미터쯤 떨어진 작은 마을이다) 우연히도 그가 비교적 행복한 유년시절을 보낸 템스강 유역과 가까운 곳이었다. 묘비엔 "에릭 아서 블레어 여기 잠들다. 1903년 6월 25일 생 1950년 1월 21일 몰"이라고만 새겨져 있으니, 인간 에릭은 가고 작가 조지 오웰은 남은 것인가. 묘비 앞엔 그의 뜻에 따라, 그가 죽은 첫 아내 아일린의 묘에 심었던 장미 한 그루가 같이 심어졌다.

민주주의와 자유

2025년 4월 25일 초판 1쇄 발행

글 조지 오웰 • **편역** 이한중
편집 이기선, 김희중 • **디자인** 쿠담디자인
펴낸곳 원더박스 • **펴낸이** 류지호
주소 (03173) 서울시 종로구 새문안로3길 30, 대우빌딩 911호
전화 02-720-1202 • **팩시밀리** 0303-3448-1202
출판등록 제2024-000122호(2012. 6. 27.)

ISBN 979-11-92953-50-2 (03300)

- 잘못된 책은 구입하신 서점에서 바꾸어 드립니다.
- 독자 여러분의 의견과 참여를 기다립니다.
 블로그 blog.naver.com/wonderbox13 · 이메일 wonderbox13@naver.com